www.tredition.de

AF185183

Erhard Kaupp

Unter der Sonne Südafrikas

Trilogie einer Liebe

© 2018 Erhard Kaupp

Text, Umschlag & Illustration

Korrektur: I. Weidele

ISBN

978-3-7469-2567-7 (Paperback)

978-3-7469-2568-4 (Hardcover)

978-3-7469-2569-1 (e-Book)

Verlag & Druck: tredition GmbH, Hamburg

Inhalt

Cape Town – Southern Cape

Upington – Northern Cape

Lübeck – Schleswig-Holstein

Kapstadt, Republik Südafrika

Camps Bay / Kapstadt

Der erste Schultag

Mit klopfendem Herzen betrat Robert die Schule und schaute sich fragend um.

„Wo ist denn nur Zimmer 6.2?", fragte er sich, er war viel zu spät dran, und seine erste Unterrichtsstunde hatte bereits begonnen.

Dass er in einer *Megacity* wie Kapstadt mit einem höheren Verkehrsaufkommen zu rechnen hatte, war ihm schon bewusst. Ganz im Gegenteil zu den Ortschaften, die er auf dem Weg von zu Hause in der Northern Province bis hierher nach Kapstadt zu durchfahren hatte. Diese „Städte" konnte er sogar an einer Hand abzählen, obwohl er über 1000 km zurückgelegt hatte. Nun hatte er für seine Anreise doch viel länger gebraucht als er gedacht hatte und war, ganz entgegen seiner sonstigen Gewohnheit immer pünktlich zu sein, einfach zu spät. Sichtlich nervös stand er jetzt in dieser Schule. Mit flinkem Auge überflog er die Informationstafel, die gleich hinter der Eingangstür an der Wand hing. Robert hatte sich an dieser Schule angemeldet um seine Sprachkenntnisse zu verbessern. Sein Ziel war, sich intensiv nur auf das Lernen zu konzentrieren und möglichst viel auf seiner geistigen Festplatte im Oberstübchen abzuspeichern. Zwar hatte er zuvor schon ein paar Jahre englisch gesprochen und konnte sich auch ganz gut unterhalten, aber er wusste nur zu gut, dass er noch manche Defizite hatte. Vor allem das Schreiben machte ihm sehr große Mühe. Robert war nämlich vor einigen Jahren mit Sack und Pack von Deutschland nach Südafrika ausgewandert und kam nicht drum herum, die ihm auferlegte, neue „Muttersprache" bei all den unerlässlich gewordenen Behördengängen zu sprechen. Wozu denn auch, wenn so viele Bekannte in seinem näheren Umfeld deutsch redeten. Abends dann, im einzigen und ziemlich verrauchten Pub, war es ihm völlig egal, wie gut seine englischen Sprachkenntnisse ankamen. Hauptsache, die immer gut gelaunte junge Dame hinter der Bar konnte ihn nur halbwegs verstehen und seine Bestellung über ein kaltes Bier kam bei ihr an.

Robert war mit Leib und Seele Reiseleiter und die meisten seiner Kunden, die überwiegend aus dem kalten Deutschland kamen, waren froh, sich in ihrer Muttersprache unterhalten zu können. Er liebte die Wärme Südafrikas und es fiel ihm sichtlich leicht, die Touristen für dieses herrliche Land zu begeistern. Es war *sein* Land der Träume und wenn er anfing zu erzählen, dann ging ihm sichtlich das Herz auf, was sich stets positiv auf seine Gäste übertrug. Doch in letzter Zeit hatte er immer öfters Gäste aus dem weit entfernten Japan und Amerika, ja sogar aus China und Russland. Da konnte es sicherlich nicht verkehrt sein, seine eingestaubten Sprachkenntnisse aufzufrischen, denn irgendwer sprach immer Englisch. Oder konnte sich zumindest mit ein paar Brocken verständigen. Davon abgesehen war es eine der sage und schreibe elf offiziellen Landessprachen in der Republik Südafrika.

Aha - hier die Treppe hoch und rauf in das 6. Stockwerk. Oben angekommen schaute er sich erst einmal in Ruhe um und holte tief Luft. Es roch wie - ja nach was eigentlich? Es erinnerte ihn an eine alte Kirche, in der viel Sandstein verarbeitet wurde. Robert war doch tatsächlich etwas aus der Puste gekommen. Ein sportlicher Typ war er noch nie gewesen und außerdem, Sport ist Mord und in der Ruhe liegt die Kraft. Davon war er überzeugt. Nun hatte er eben tatsächlich 56 Stufen in diesem alten ehrwürdigen Gebäude auf einer breiten und ausgetretenen Marmortreppe zurückgelegt. Dazu noch in einem affenartigen Tempo. Automatisch hatte er von der ersten Stufe an mitgezählt. Dort vorne links musste sein Klassenzimmer sein. Mit klopfendem Herzen betrat Robert den einzigen Raum, dessen Türe offenstand. Eigentlich war der Besuch einer Schule nichts Außergewöhnliches. Für Robert aber war es schon etwas Besonderes, denn immerhin war er mit seinen 44 Jahren zwar noch kein alter Sack, der sich täglich überlegen musste, wie oft er am Teich die Enten füttern sollte, aber er war auch nicht mehr der Taufrischeste. Schnell wurde ihm das bewusst, denn wie er sich umschaute, sah er sofort, die meisten Schüler waren um einiges jünger als er. Wie er seine Augen in die Runde schweifen ließ, erkannte er erfreut Menschen aus *aller Herren Länder*. Das konnte ja spannend werden!

Er sah eine Frau mit dunklen Augen, die von pechschwarzen Haaren umrahmt waren. Daneben saß ein blonder Jüngling, dessen Haupt im Gegensatz zu ihr von blonden Schnittlauchlocken gekrönt war und der offensichtlich irgendwo aus dem hohen Norden kommen musste. Vielleicht aus Schweden, oder Dänemark? Dann war da noch ein junger Mann, ganz hinten in die Ecke abgedrängt. Eine ungewohnte Erscheinung mit einem kreisrunden Gesicht, in dessen Mitte eine gewaltige Nase zwei *Schlitzaugen* voneinander trennte. Also wenn der nicht einen mongolischen Einschlag hatte! All dies schoss Robert blitzschnell durch den Kopf, als er den Klassenraum betrat.

"Hi guys", so begrüßte er völlig informell die

illustre Klasse, wie selbstverständlich in seinem besten Kneipenenglisch.

Beim Besuch dieser Schule gab es nämlich einige Bedingungen einzuhalten. So durfte unter anderem nur Englisch gesprochen werden. Völlig egal, welcher Nationalität der Student angehörte. Dies stellte für Robert jedoch überhaupt kein Problem dar und er kannte keinerlei Hemmungen sich zu verständigen. Sogar ohne *alkoholische Nachhilfe* in Form ein paar Gläser roten Weines. Wozu hatte er schließlich zwei lange gesunde Arme mit äußerst geschickten Händen, die er ebenso einzusetzen wusste. Davon abgesehen war es für ihn selbstverständlich, dass er sich so weit wie nur irgendwie möglich in der jeweiligen Sprache des Gastlandes auszudrücken versuchte. Letztendlich wollte er etwas von den Anderen und nicht umgekehrt.

"Hi", so begrüßte ihn der Lehrer", you must be Robert *the German*!"

Das war nun wirklich nicht schwer zu erraten, denn so wie es aussah war er schließlich der Letzte, der den Raum betrat. Dazu kam, dass nur noch ein Platz frei war und dieser musste dann wohl seiner sein!

Zehn Stühle standen insgesamt im Halbkreis um den kleinen Tisch herum an dem der Dozent sich breitmachte. Rudolph war sein Name, wie Robert an dem kleinen Namensschildchen sehen konnte, welches er dekorativ vor sich auf dem Tisch aufgebaut hatte. Ein deutscher Name? Robert dachte sein Lehrer wäre Engländer und als ob dieser seine Gedanken lesen konnte, löste er das Rätsel umgehend auf.

"Ja, ich weiß, Rudolph ist für euch sicherlich ein außergewöhnlicher Name, aber mein Vater, der mir diesen Namen gegeben hatte, war ein gebürtiger Hamburger" erklärte er in ziemlich akzentfreiem Deutsch und fuhr fort:

„Er wanderte damals in den Nachkriegsjahren auf der *Suche nach dem Glück* nach England aus. Dort lernte er nach ein paar Monaten in London beim Arbeiten meine Mutter kennen. Aus dieser Verbindung entstand ich, ging zur Schule, studierte und blieb nach einer halben Weltreise hier in Südafrika hängen. Ja, jetzt stehe ich hier vor euch und unterrichte in Kapstadt schon seit über 12 Jahren an dieser internationalen Schule, und ich muss sagen, mit jedem Jahr gefällt mir diese *Wahnsinnsstadt* besser. Ihr werdet sehen, es wird euch ebenso ergehen, wenn ihr den Kap-Virus eingefangen habt!"

So stellte sich Roberts Klassenlehrer vor und fügte, anscheinend ohne Luft zu holen, ergänzend hinzu:

"Was ich noch sagen wollte, hier in der Schule sagen wir alle *DU* zueinander, ihr dürft also gerne Rudi zu mir sagen. Das macht alles etwas bequemer. Aber jetzt höre ich endlich auf zu quatschen, jetzt seid nämlich ihr dran. So, bitte – stellt euch der Reihe nach vor!"

„Der quasselt wie eine Frau, ohne Punkt und Komma!", schoss es Robert durch den Kopf, obwohl er selbst auch nicht gerade auf den Mund gefallen war.

Immerhin schien dieser Rudi mit einer gesunden Portion Humor gesegnet zu sein und es war lustig anzusehen, wie bei dieser *Ansprache* seine lockigen Haare durch die Luft flogen, während seine Augen die Klasse musterten. Von links nach rechts, immer wieder, hin und her. Standesgemäß durch eine Nickelbrille. Die außergewöhnlich dicken Gläser, die einem Aquarium alle Ehre gemacht hätten, ließen seine grau-grünen Augen noch größer erscheinen, als sie eh schon waren.

"Ich hätte ihn eher für einen Iren gehalten, als für einen Engländer!", kam Robert in den Sinn, als er *schadenfreudig* die kupferrote Haarfarbe seines Lehrers betrachtete.

Robert war ein Typ von Mensch, der immer versuchte, andere in eine Schublade einzusortieren. Wie es sich zeigte, hatte er sehr oft recht mit seiner ersten Einschätzung. Der Reihe nach stellten sich nun die Mitschüler vor. Da waren Willi und Ursula aus der Schweiz, beide sicherlich auch schon an die *Mitte 30* und miteinander verheiratet.

„Kann man eigentlich auch gegeneinander verheiratet sein?"

Diese Frage ließ ihn vorerst nicht los.

Obwohl er ursprünglich nur einen Steinwurf von der Schweiz entfernt zu Hause war, es war für ihn immer noch unverständlich, wie jemand so eine Sprache erfinden konnte und er dachte sofort an das berühmte *Chuchechäschtli*[1]. An ihren beiden Händen konnte man sehen, das waren Arbeiterhände. Willi hatte ein paar Pratzen, die so groß wie Klodeckel waren.

„In diese wollte ich auch nicht versehentlich hineinlaufen!", ging es Robert weiter durch den Kopf.

---

[1] Küchenkasten, bzw. Küchenschrank

Das Ehepaar hatte sich in der Republik Südafrika eine Farm am *Breede River* gekauft und es sollte sich bald herausstellen, dass sie ein überaus sympathisches Ehepaar waren und weitaus weniger kompliziert als ihre Muttersprache. Immerhin waren sie beinahe Roberts Nachbarn, zumindest was die Provinz anbetraf. Ja ok, bis auf die 1ooo Kilometer die zwischen ihnen lagen. Ihr Schulenglisch schien auch noch aus der Steinzeit zu sein, denn immerhin schienen sie nach ihm die Ältesten in dieser Runde zu sein. Ein junges, dunkelhaariges, hübsches Mädchen, welches recht schüchtern in die Runde blickte und vermutlich nur knapp über minderjährig war, stellte sich vor als *Florence* und kam aus *Buis-les-Baronnies*.

„Das ist eine kleine *Ville* in die Provence bei die nackte *Montagne!*", erklärte sie mit ihrem unüberhörbaren und doch so charmant klingenden französischen Akzent.

Robert kannte diesen Berg aus einem früheren Urlaub in Südfrankreich und konnte sich noch gut daran erinnern. Das konnte nur der berühmte *Mont Ventoux* sein, auf dessen kahlen Gipfel schon manch einem Teilnehmer der Tour de France die Puste ausging. *Florence*, sogar ihr Name duftete schon nach Lavendel.

Ihr Akzent prägte sie ebenso unverkennbar, wie der von den beiden Eidgenossen aus der Schweiz, allerdings 300 % melodischer. Dann war da noch Hans, er kam aus Österreich, wie Robert auf Grund des ausgeprägten Dialektes, welcher sich unüberhörbar mit seinem *Survival-Englisch* mischte, vermutete.

„Na, i bi koan *Öschterriecher, i bin an echta Tiroler*", so verteidigte sich dieser sofort.

Dabei ließ er das *R* in seiner Aussprache rollen, was unverkennbar die Nachbarschaft zu Italien zeigte. Jawohl, so stellt man sich einen jungen Bergbauernburschen vor. Kräftig, schlagfertig und ein sonnengegerbtes Gesicht. Lediglich die Lederhose fehlte ihm, so Roberts klischeehafte Vorstellung, um auch diese Schublade in seinem Geiste zu schließen.

Die Musterung seiner Mitschüler war für Robert aber noch nicht abgeschlossen, wenn er in seiner Fantasie schwelgte, dann schien er wie geistesabwesend zu sein. Obwohl er, ganz im Gegenteil, hellwach war. Noch ein junges Mädchen bereicherte die Runde der Lernbegierigen. *Lingh* kam mit Sicherheit aus China, wie es ihre fröhlichen Mandelaugen und ihr zierliches, handliches Format vermuten ließ.

Ihre Vorstellung sollte dies sofort bestätigen.

„Schade, dass wir hier nicht italienisch lernen", dachte Robert und erwischte sich gerade dabei, wie er über seinen eben selbsterfundenen Witz verschmitzt lächeln musste.

„Das wäle bestimmt lustig gewolden, wenn Lingh aus Shanghai mit den ganzen lollenden *L's* italienisch splicht!"

Unter *ferner liefen* waren da noch ein junger Mann aus Polen, dessen Name so hart klang wie seine ausgeprägten Gesichtszüge zeigten. *Iglof*, oder so ähnlich. Seinen Namen hatte Robert ebenso schnell wieder vergessen wie den einer jungen, aufgebrezelten *Dame* im Minirock und abgrundtief ausgeschnittener Bluse, unter der sich mit Sicherheit an die drei Kilogramm Silikon, dem Bersten nahe, wölbten.

„Mein lieber Mann, mit so einer aufgetakelten Fregatte muss die Nacht schon sehr dunkel sein! Ich wage es zu behaupten, dass sie vorher mit Sicherheit viel besser aussah. Keine Ahnung, wer oder was die zu sowas geritten hat!", mehr fiel Robert zu ihr nicht ein.

Er hielt nichts von gemachter Schönheit, zumal seiner Meinung nach ersichtlich war, dass die anderen OPs, vor allem im Gesicht der an sich noch jungen Frau sicherlich nicht gratis, aber dafür umsonst waren.

An einer kleinen blonden Frau blieb Roberts Blick jedoch förmlich kleben und er konnte sich nicht erklären wieso. Tief in ihren Gedanken versunken kaute sie auf einem altmodischen Füller. Waren es die leuchtend blauen Augen, die ihn unter einem frech und etwas zerzausten Pony heraus anstrahlten? Oder irritierte ihn ihr viel zu dick aufgetragener, knallroter Lippenstift, weil dieser eigentlich überhaupt nicht in ihr Gesicht passte. War sie so sportlich, oder war sie nur dünn, denn von ihrer kindlichen Statur her war sie ansonsten eher unauffällig. Da half es auch nicht, dass sie ein außergewöhnlich buntes Kleid mit kräftigem Blumenmuster trug, welches recht kurz war. Es war sogar verdammt kurz. Als ob das nicht ausreichen würde, schlug sie jetzt zu allem hin noch ihre Beine übereinander und offerierte Robert einen ungewöhnlich tiefen Einblick. Trotzdem sie hinter einem Tisch saß, sah Robert mehr als im lieb war und er im Moment gebrauchen konnte. Und sie saß ihm auch noch sowas von genau gegenüber!

„Mann oh Mann, wie bekomme ich Englischunterricht, Erotik und Dessous in Einklang?"

Dieser schneeweiße Hauch von so gut wie Nichts hatte mit dem, was er bisher unter dem Begriff *Unterhose* verstand, nicht mehr viel zu tun. Sein Pulsschlag schaltete gleich zwei Gänge zurück, schlagartig setzte der Turbo ein und unvermeidbar begann sein Kopfkino mit Vollgas zu rattern!

"Nein, nein und nochmals nein! Ich darf da nicht hinsehen. Wie soll ich mich denn jetzt noch auf den Unterricht konzentrieren", ging es nur kurz durch seinen Kopf und schon klebte sein Blick wieder an der, ihm bisher unbekannten, jungen attraktiven Frau.

Robert konnte nicht nur andere Menschen gut beobachten, er nahm auch sich selbst nicht davon aus. Er wurde förmlich aus seinen Gedanken gerissen, denn endlich - endlich sagte die hübsche Unbekannte von gegenüber etwas.

"My name is Kristin, I turned to 44 and I am from Lübeck in Germany", so stellte sich die zierliche Frau vor.

Ihre Stimme klang so jugendlich frisch und unverbraucht, während sie dabei herzlich in die Runde lachte. Nur für einen kurzen Moment blieb ihr Blick sogar an Robert hängen.

Als ob sie spüren konnte, dass er sie schon die ganze Zeit beobachtete. Wobei beobachten nicht das richtige Wort war, nein - er hatte sie förmlich mit seinen Blicken verschlungen. Angestarrt, wie ein achtes Weltwunder!

Noch bevor sich alle Mitschüler vorstellen konnten, ging die erste Unterrichtsstunde abrupt zu Ende. In der Pause musste sich Robert sogar ernsthaft überlegen, über was die letzten 60 Minuten eigentlich geredet wurde! Seine ausgeprägte Fantasie war stärker als die Macht des englischsprechenden, rothaarigen Lehrers von der königlich grünen Insel hinter dem Ärmelkanal. Endlich waren die zehn Raucherminuten um, und wie auf Kommando fanden sich alle wieder auf ihren Plätzen ein.

"Hey Robert, it's your turn now", so riss ihn die *Stimme des Herrn* aus seinen Träumen, kaum hatte die zweite Stunde richtig begonnen.

Ihm war völlig entgangen, dass er inzwischen damit an der Reihe war, sich vorzustellen. Wie peinlich! Hoffentlich merkte das niemand von den anderen, die er im Geiste schon sah, wie sie über ihn tuschelten. Obwohl es dazu ja gar keinen Anlass gab. Zumindest noch nicht!

"I´m so sorry!", entschuldigte sich Robert für seine geistige Abwesenheit und begann ziemlich holprig damit, sich vorzustellen.

Schnell hatte er realisiert, dass Rudi, der Inselgelehrte, gleich von Beginn an Vollgas gab. Schließlich wollte der beim Unterrichten nicht stehenbleiben, sondern vorankommen! Lernstoff gab es genügend, daran sollte es also nicht liegen.

"Also, mein Name ist Robert Rahrichter und ich komme aus Badenweiler, einem kleinen verträumten Dorf am Fuße des Hochblauen[2] im Schwarzwald. Das liegt im Markgräflerland, ziemlich nahe an der Grenze zu Frankreich und der Schweiz. Es ist ein beliebtes Weinanbaugebiet, dessen Tropfen schon einige Auszeichnungen einheimsen konnten!"

Dabei klang ein bisschen Stolz in seiner Stimme.

„Allerdings ist seit ein paar Jahren Südafrika meine neue Heimat. Hier habe ich mir meinen Lebenstraum erfüllt und verwalte oben im Norden ein kleines Reiseunternehmen. Ziemlich am Rande der südlichen Kalahari."

---

[2]Berg im südl. Schwarzwald

Robert war ein bescheidener Mensch und verschwieg deshalb, dass er stolzer Alleininhaber dieses kleinen, aber feinen Safariunternehmens war. Wieso sollte er auch gleich am ersten Tag schon alle seine Karten auf den Tisch legen! So erzählte er weiter, dass er dort Safaris für ein ortsansässiges Reiseunternehmen ausführte. Das war ja eigentlich keine Lüge, auch dass er Touristen durch die Gegend kutschierte entsprach der Wahrheit. Oftmals war er mit diesen tagelang unterwegs. Bis weit hinein in die unbesiedelten Gebiete der Kalahari Wüste, ja sogar bis hoch in den Norden, dort wo die Buschmänner noch traditionell als Halbnomaden im Busch leben. Auch in Namibia war er schon des Öfteren. Inzwischen kannte er das südliche Afrika beinahe so gut wie seine Westentasche.

Während Robert sich so vorstellte war ihm nicht nur anzusehen, dass er mit Leib und Seele Reiseleiter war und dass die Wüste überhaupt nicht so wüst sein kann, wie es der Name vermuten ließe, nein – man konnte es sogar spüren! Vielleicht sogar riechen, denn wie er so beim Reden in Fahrt kam, geriet er doch tatsächlich ins Schwitzen, wie kleine Schweißperlen auf seiner Stirn verrieten. Vor lauter Aufregung hatte er am Morgen doch glatt sein Deo vergessen, und die dunklen Flecken auf seinem grünen Safarihemd waren inzwischen wirklich nicht mehr zu übersehen.

„Egal, wir sind ja schließlich in Afrika!", dachte sich Robert und genoss die Bewunderung der anderen Mitschüler.

Seine Blicke jedoch blieben immer wieder an der gleichen Person hängen. An der kleinen *kühlen Blonden* aus dem hohen Norden Deutschlands. Irgendwo hatte er diese klischeehafte Bezeichnung einmal aufgeschnappt. Woher kam sie nochmal, aus Lübeck? Hatte sie das nicht extra betont, als sie ihn gerade in diesem Moment mit ihren strahlend blauen Augen anschaute? Oder hatte er sich das etwa nur eingebildet?

Der Unterricht gestaltete sich als äußerst abwechslungsreich und wie schon bemerkt, der Engländer nahm ordentlich Tempo auf. So, dass Roberts Kopf nur noch rauchte. Dabei erschien es ihm zu Beginn so, als ob alles völlig *easy going* werden würde. Bei seiner Ankunft bekam er lediglich einen Fragebogen, den es auszufüllen galt. Die Fragen waren nicht sonderlich schwer und die im Anschluss stattfindende mündliche Kurzprüfung hatte er sich ebenfalls viel schwerer vorgestellt. Und jetzt hatte Robert schon in der ersten Runde ordentlich zu kämpfen um schulisch mitzukommen. Aber in einem Punkt zeigte sich ein kleiner Unterschied zu dem, was er bisher in seinem Leben an Schule kannte. In dieser lernbegierigen Runde waren alles erwachsene Menschen, die im Leben schon etwas geleistet hatten und dem Schulalter schon längst entfleucht waren. Dementsprechend wurde der Unterricht eher spielerisch denn mit erzieherischem Drill gestaltet. Was bei den Mitschülern, die sich mit Robert zum gemeinsamen Pauken versammelt hatten, überaus gut ankam!

Wie im Fluge ging der erste Schultag vorüber. Sprachtechnisch gesehen war für Robert alles im grünen Bereich, aber irgendwie vermisste er eine Möglichkeit, mit der auffälligen jungen Frau von Gegenüber ins Gespräch zu kommen. Aber der Sprachkurs fing ja auch eben erst an und noch lagen fünf ganze Wochen vor ihm. Was nicht ist, das kann noch werden. Für heute jedoch war der Unterricht erst einmal zu Ende. Hausaufgaben gab es am ersten Tag keine und so konnte er es kaum erwarten, die Wahnsinnsstadt, wie Rudi sie bezeichnete, endlich zu erkunden.

Sie liebt mich, sie liebt mich nicht...

Kapstadt, oder wie es noch schöner klang, Cape Town! Dieser Name war wie Musik in Roberts Ohren. Die Stadt, von der Millionen Menschen behaupten, eine der schönsten der Welt zu sein. Allzu viel hatte er bisher noch nicht von ihr gesehen, kam er am Abend zuvor doch recht spät in seiner Unterkunft an. Genauer gesagt in seinem B&B, denn er bevorzugte eine private, persönliche Unterbringung.

„Das ist doch hundertmal besser, als irgend so ein anonymes Hotel!", so seine Meinung.

Robert versprach sich damit, intensiveren Kontakt zu der hiesigen Bevölkerung zu bekommen. Im Hotel wäre er doch nur eine Nummer unter vielen gewesen. Alles, was er dort über Kapstadt erfahren hätte, wäre nur von großen Unternehmen gewesen, die es sich leisten konnten ihre Werbung im großen Stil zu verbreiten. Ganz wichtig war nämlich für Robert, möglichst viele persönliche Kontakte zu bekommen, um das neu Erlernte aus der Schule in die alltägliche Praxis umzusetzen. Wenn schon die Schulbank drücken, dann auch richtig, so sagte er sich. Abgesehen davon war es auch gar nicht so verkehrt, seine eigene Firma zu bewerben, denn das Klappern gehörte schließlich zum Handwerk.

Mit einem kleinen Rucksack ausgestattet, marschierte er von seiner Pension aus in Richtung Innenstadt. Der Verkehr war recht dicht und an das ständige Gehupe wildgewordener Autofahrer musste er sich erst gewöhnen. Vor allem die vielen Taxis sind ihm gleich aufgefallen, meist waren es Toyota oder Isuzu Kleinbusse, in die man unter Berücksichtigung hiesiger Verhältnisse schon einmal an die 20 Personen hineinstopfen konnte. Ganz legal war das natürlich nicht, denn die Busse in der Größe eines VW Bully waren nur für maximal 16! Leute zugelassen. Aber diesbezüglich tickten die Uhren in Afrika komplett anders! Robert war völlig benommen, denn es war half past 4 pm. Also 16:30 Uhr und er kam gerade recht zur Rushhour. Die Menschen strömten von der Arbeit kommend in alle Himmelsrichtungen und wollten alle nur das eine, nämlich nach Hause. Fasziniert beobachtete er das bunte und ziemlich hektische Treiben. Die Taxis standen kreuz und quer ohne jegliche erkennbare Struktur auf den Straßen, ja sogar auf den gut ausgebauten Bürgersteigen. Für

Normalos wie Robert ein Chaos. Allerdings waren nicht die Fahrer die wichtigsten Personen in diesem wilden Durcheinander, sondern die Eintreiber. Das waren die Begleitpersonen des Taxichauffeurs und nur dafür zuständig, durch lautes Rufen, pfeifen und gekonnter Pantomime Fahrgäste zu werben, meist noch während das Auto fuhr. Entweder durch das ständig geöffnete Fenster oder die seitliche Schiebetür, die von ihm geöffnet oder zugehalten wurde. So bekam das Wort Zuhälter eine völlig neue Bedeutung. Zeit ist Geld und ein Taxi macht nur Gewinn, wenn es fährt. So gab es bei einem Stopp an den wenigen oder nichtvorhandenen Haltestellen ein beständiges Geschiebe und Gezerre unter den eingepferchten Fahrgästen. So konnte es sein, dass das Taxi schon nach einhundert Metern wieder anhielt, weshalb der *Schaffner* meist seinen Fuß gleich außerhalb der geöffneten Wagentür im Fahrtwind hängen ließ!

"Eines Tages muss ich auch mal mit so einem Taxi fahren", beschloss Robert, denn das erschien ihm als die totale Herausforderung.

Er war es nämlich gewohnt, meist nur mit einer Handvoll Gästen auf weiter Flur im Outback unterwegs zu sein. Oft tagelang und ohne einer Menschenseele zu begegnen. Todmüde und erschlagen von all den neuen Eindrücken fiel Robert am Abend des ersten Schultags in sein ungewohnt weiches Bett.

"So, wie war euer gestriger Tag in Cape Town, was sind eure Eindrücke? Erzählt mir doch bitte der Reihe nach, wir beginnen an meiner linken Seite. Florence, wo gefällt es dir besser? In Nizza oder in Cape Town?"

Die Redekunst war gefragt, auch wenn Robert zuerst der Meinung war, dass im Unterricht vieles schriftlich gemacht werden muss. So stocherte Florence mit ihrem französischen Akzent durch die ungewohnte neue Sprache. Jeder konnte ihr Fragen stellen und schon bald entwickelte sich ein illustres Gespräch, in welches alle involviert waren. *Ludi*, wie der Lehrer von *Lingh* aus Fernost genannt wurde, hielt sich diskret zurück. Zu allseitigem Erstaunen korrigierte er seine Schüler kaum, machte sich aber beständig Notizen. Auch die anderen Mitschüler wurden nicht ausgelassen und das Schöne bei der ganzen Sache war, keiner machte sich lustig über die zum Teil ulkigen Ausdrücke, mit der fehlende Worte umschrieben wurden. Das endete nicht selten unter herzhaftem Gelächter.

Da waren sie wieder, die Blicke aus diesen wunderbaren Augen, die sich mit denen von Robert zufällig kreuzten. Er fühlte sich verhext, verzaubert und nicht mehr von dieser Welt! Sagt man den blonden Frauen aus dem hohen Norden nicht eine gewisse Kühle nach? Noch immer gab es keine Möglichkeit mit ihr irgendwie ins Gespräch zu kommen. Doch das sollte sich bald ändern und dabei kam ihm der Unterricht sehr entgegen.

Ebenso wie *Ludi*, der nun seinen Spitznamen vom ersten Tag an weghatte, hielt **V**icky, die andere Lehrerin, eine sichere Umgangssprache für viel wichtiger, als in Grammatik perfekt zu sein. Sie liebte Rollenspiele über alles und hatte sich thematisch gut vorbereitet, wie Robert an den von ihr mitgebrachten Accessoires erkennen konnte. Jeder in der Runde wurde mit Hilfe einer Requisite zu einer Person mit einer bestimmten Funktion ernannt. In diese imaginäre Figur mussten sie sich geistig eindenken und dabei versuchen, sie möglichst theatralisch darzustellen.

"Eigentlich wollte ich nicht zum Theater", dachte Robert, fand es aber letztendlich doch ganz witzig, denn schließlich hatte er bereits ein wenig Erfahrung mit Aufführungen der katholischen Landjugend, wenn auch sicherlich vor *gefühlten* 100 Jahren.

Es gab wirklich viel zu lachen, wobei lediglich ganz gewöhnliche Situationen aus dem Alltag dargestellt wurden. So wurde der Tiroler zum Eierverkäufer auf dem Wochenmarkt, der seine Waren anzupreisen hatte, während die aufgepumpte Schönheit, die übrigens aus einer völlig unbekannten Großstadt in der Ukraine stammte, eine Kundin spielte, der die Eier viel zu klein waren. Ein Schelm, wer Böses dabei dachte und so sorgte dieses natürlich für großes Gelächter in dieser internationalen Runde. Vicky, die Lehrerin, wusste genau, wie sie die Sprachbarrieren, und vor allem die Hemmungen zu reden, unter den Studenten schnell abbauen konnte. Eine beinahe schon ausgefallene Situation bekam Florence zugewiesen. Sie sollte sich, in der Sonne badend, mit Iglof aus Polen anlegen. Er war ein stolzer Hundebesitzer, dessen Flohkutsche eben in der Nähe von Florence am Busch sein Beinchen etwas zu hochgehoben hatte. Die Studenten hielten sich die Bäuche vor Lachen, zumal Iglof das gekonnt pantomimisch begleitete und so das Ganze in ein urkomisches Theater verwandelte.

Seine ansonsten so hart wirkenden Gesichtszüge verwandelten sich dabei überraschend in eine clownesk wirkende Maske. Alle Beteiligten vergaßen darüber hinaus total, dass sie sich in einer fremden Sprache unterhielten. Roberts Highlight an diesem Tag war sein Einsatz. Er sollte in die Rolle eines verliebten Romeo schlüpfen und einer Frau eine Liebeserklärung machen. Als seine „Julia" zugewiesen wurde ihm - genau, die blonde Frau aus Lübeck. Plötzlich hatte Robert eine Sprachblockade und zum ersten Mal in seinem Leben fing er an zu stottern. Unter viel Gelächter machte er seiner Herzdame eine Liebeserklärung, scheute dabei nicht vor schauspielerisch körperlichem Einsatz zurück, und die von ihm vorschnell als kühle Blonde aus dem hohen Norden abgestempelte "Julia" wurde zu einem heißen Feger, der in Romeos Armen förmlich zu explodieren schien. Diese Aktion sollte nicht ohne Folgen bleiben.

"Mein lieber Herr Gesangsverein, du gehst aber ganz schön ran! Ich glaubte schon, jetzt küsst der mich noch ohne, dass wir uns überhaupt kennen! Machst du sowas eigentlich öfter?", empfing Kristin in der Pause Robert, als dieser gerade damit beschäftigt war, sich draußen vor der Schule einen grausam süßen Schokoriegel einer bekannten Schweizer Firma reinzuschieben.

"Hast du mir auch ein Stück Schokolade?", fuhr sie sogleich fort, noch bevor er antworten konnte.

"Aber klar doch" erwiderte er und hielt ihr prompt den angebissenen Schokoriegel direkt vor ihren Mund.

"Ich habe leider nicht mehr davon, das war mein Letzter!"

Das hatte er nun beim besten Willen nicht erwartet, denn Kristin biss herzhaft zu. Da war es wieder, dieses Funkeln aus ihren leuchtenden Augen, während sie wie selbstverständlich einem wildfremden Mann, im wahrsten Sinne des Wortes, aus der *Hand fraß*!

"Macht nichts, ich gehe nach der Schule noch mit Florence ein Eis essen. Kommst du mit! Ich schiebe dir dann auch ein abgelecktes Löffelchen Eis von mir rüber!", sagte Kristin, die offensichtlich nicht auf den Mund gefallen war.

Ihre im Laufe der Jahre angesammelten Lachfalten unterstrichen ihren Blick und gaben ihr etwas Bestimmtes, so was

Verheißungsvolles. Robert musste ganz kurz schlucken. Sofort und ohne lange zu überlegen sagte er Kristin zu. Wenn das kein Wink des Schicksals war! In diesem Moment wurde beiden bewusst, dass sie sich die ganze Zeit in Deutsch unterhalten hatten. So ein Mist aber auch, hoffentlich hatte niemand diesen Regelverstoß bemerkt!

Der Unterricht wollte an diesem Tag auch gar nicht zu Ende gehen, er zog sich für Robert ins Unendliche hin. Von Minute zu Minute schielte er verstohlen auf seine billige Armbanduhr. Stand sie etwa still? Unmöglich, er hatte doch erst vor ein paar Tagen die Batterie gewechselt. Immer wieder suchte er *seine* Julia, aber die war plötzlich verschwunden. Im war völlig entgangen, dass die Klasse aufgeteilt wurde und nach der Pause mit einer anderen zusammengelegt wurde. Für heute war nämlich noch etwas Grammatik angesagt und der neue Dozent hieß Piet. Seinem Akzent nach zu urteilen erkannte Robert sofort einen Holländer. Dieser war selber noch Student, stand aber schon kurz vor seinem Examen und verdiente seine Ausbildung damit, dass er selbst während seiner knappen Freizeit als Dozent arbeitete. Das war Robert aber schnuppe, denn für ihn war die Hauptsache, dass er etwas dabei lernte. Doch der Unterricht zeigte sich als überaus langweilig. Jeder saß gebeugt über die von Piet zuvor ausgelegten Aufgaben und versuchte diese zu lösen. Vorsichtig machte es Robert wie die anderen und schielte von Zeit zu Zeit auf die Blätter der Sitznachbarn. Doch diese schienen ebenfalls auf der Stelle zu treten und waren auch nicht viel weitergekommen als er. Es war nicht nur außergewöhnlich ruhig in dieser Klasse, nein – es herrschte sogar eine kalte, klösterliche Stille. Nicht einmal ein Räuspern war zu vernehmen und Robert vermisste sein leuchtendes Gegenüber. War er etwa verliebt? Sollte es so etwas wie Liebe auf den ersten Blick wirklich geben?

Während der Unterrichtspause trafen sich in der Regel alle Studenten unten bei der kleinen Cafeteria, die im Erdgeschoß der Schule lag. Die einen holten sich grausam schmeckenden Kaffee aus dem Automaten oder einen Cappuccino, der allerdings auch nicht viel besser war, während die anderen sich vorne draußen auf dem gepflasterten Bürgersteig, direkt neben der stark befahrenen Straße, eine Zigarette reinzogen.

„Nikotin und Abgase – was für eine supertolle

Kombination! Wie können Menschen so leben und sich dabei noch wohl fühlen?", kam es Robert in den Sinn und dachte an sein Zuhause und die frische Luft am Rande des afrikanischen Busches.

Völlig ohne stinkende Industrie und tiefen Häuserschluchten in denen die Abgase des lärmenden Verkehrs hängenblieben. Ein wenig Wehmut machte sich in seinem Innersten breit, was allerdings nur von kurzer Dauer war, denn eben entdeckte er Kristin. Obwohl, so klein und zierlich wie sie gebaut war, zwischen all den anderen Studenten wäre sie leicht zu übersehen gewesen. Nur für Robert war sie jetzt schon die Größte, obwohl sie die 1,65 Meter Marke nur knapp verfehlte. Übermütig umarmte er sie zum Gruße, ganz so wie es langjährige Freunde machen. Ohne jegliche Hintergedanken. Dabei dachte er fühlen zu können, wie sie ihm körperlich entgegenkam und ihm wurde ganz warm um sein Herz. Sie redeten und redeten - und schon war die Pause wieder zu Ende. Sie hatten es darüber hinaus total versäumt, abzumachen wo und in welchem Eiscafé sie sich eigentlich treffen wollten. Robert blieb also nichts anderes übrig, als nach Ende des Unterrichts vor dem Schulgebäude zu warten. Er stand dort mit klopfendem Herzen fast eine ganze Stunde lang, aber seine Kristin war nirgendwo zu sehen. Seine anfängliche Aufregung legte sich langsam zu einem seltsamen Gefühl von Traurigkeit. Hatte sie ihn einfach versetzt? Oder noch schlimmer – ist etwas passiert? Robert machte sich ernsthaft Sorgen, die allerdings völlig unbegründet waren. Wie konnte er auch wissen, dass Kristin und ihre Klasse bereits eine Stunde früher Schulschluss hatten.

Sichtlich geknickt spazierte er mit hängendem Kopf runter zur nahgelegenen Promenade, legte sich dort auf eine der leerstehenden Bänke, die bilderbuchgerecht unter Palmen, von grünem Rasen gesäumt und nur 20 Meter vom Wasser entfernt, standen. Unzählige Daisies[3], streckten ihre kleinen Blüten der warmen Sonne entgegen. Ohne einen Gedanken daran zu verschwenden, dass er sich jetzt als gestandener Mann lächerlich machen könnte, riss Robert eines der kleinen Köpfchen ab, zupfte die zarten weißen Blättchen nacheinander aus und fing an zu zählen: Sie liebt mich, sie liebt mich nicht, sie liebt mich, sie…- dann schlief er ein.

---

[3] Gänseblümchen

Als er nach einer geschlagenen Stunde wieder aufwachte taten ihm all seine Knochen weh, obwohl er als routinierter Camper einiges abkonnte. Noch eine Weile saß er auf der Bank wie angewurzelt, sah nicht die Blicke vorbeigehender Menschen und auch nicht die fröhlichen und laut kreischenden Kinder, die inzwischen mit einem bunten Ball nur ein paar Meter von ihm entfernt spielten. Seine graublauen Augen wirkten seltsam leer, während er das arme, zerrupfte Blümchen zu seinen Füßen noch einmal betrachtete und anschließend den Blick über das dunkelblaue Meer bis zum endlosen Horizont streifen ließ. Dort wo die Sonne gerade eben als dunkelroter Ball, begleitet von einer kleinen weißen Wolke, im Wasser verschwand. Doch er sah die Sonne nicht.

Ganz weit dahinten, dort wo die Wellen wieder an Land schlugen, musste irgendwo Argentinien liegen. Oder war das schon Patagonien?

Zwischen Schule und Dolce Vita

Der Unterricht verschärfte sich und wurde immer straffer. Das war gut so und Robert hatte das Gefühl, dass er immer weniger überlegen musste. Inzwischen quasselte er ohne lange herumzufackeln einfach drauf los. Fast automatisch flutschten ihm dabei meistens sogar die richtigen Worte über seine Lippen. Er verstand es perfekt, spezielle Ausdrücke und fehlende Fachbegriffe so zu umschreiben, dass es klang, als ob er nie eine andere Sprache gesprochen hätte. Davon abgesehen redete er nicht nur sehr schnell, er nuschelte auch wissentlich und wusste dies überaus geschickt einzusetzen! So hörte es sich für jemanden, der ihn nicht kannte, beinahe so an, als ob er ein Ire oder Schotte wäre, der schon längere Zeit im Ausland verbrachte und seine Muttersprache *afrikanisiert* hatte.

Es war Pause, und die Studenten trafen sich wie üblich in der kleinen Cafeteria im Parterre des Schulgebäudes. Zwei weiche Hände legten sich von hinten über Roberts Augen. Er konnte es deutlich spüren, die Person war ohne Zweifel weiblich, klein und überaus handlich. Und sie roch umwerfend gut nach - Bübchen! Jawohl, das konnte nur Baby Öl sein. Roberts Nase war zwar nicht auf Düfte geeicht, aber er konnte sich noch ganz gut daran erinnern, obwohl seine Kinder inzwischen längst erwachsen waren. Und er konnte aufdringlichen *Nuttendiesel* bei Leibe nicht ausstehen! Aber Kristin roch nach mehr, ganz so, als ob sie eben aus der Badewanne gekommen wäre und frisch gewickelt wurde.

„Florence? Gaby? Judy - ich weiß es nicht?", schwindelte Robert.

„Du Schuft! Hast du mich schon vergessen?" gab Kristin sich zu erkennen, was so unnötig wie eine verdickte Schilddrüse war, denn sie wusste natürlich sofort, dass Robert sich einen Spaß erlaubte.

„Wie könnte ich jemanden wie dich vergessen! Bin ich etwa eine Frau!"

Kristin hatte diesen Wink mit dem Zaunpfahl, der eher schon einem Telegrafenmast glich, sofort verstanden, denn schließlich war sie es, die ihn am Tag zuvor nach dem Schulunterricht versetzte.

„Duhu", kam es mit einem endlos langgezogenen U aus ihrem Munde, „es tut mir ja so leid, aber wir hatten gestern schon eine Stunde früher Schluss und Florence hatte mich dermaßen zugetextet, dass ich überhaupt nicht bemerkte, wie die Zeit davonlief. Erst als wir in der *Langstraat* aus dem Taxi stiegen, fiel mir siedend heiß ein, dass wir dich eigentlich mitnehmen wollten. Aber da war es schon zu spät und eine Handynummer von dir habe ich nicht!"

Dabei schaute sie Robert mit ihren blauen Augen derart vorwurfsvoll an, als ob er jetzt daran schuld wäre, dass sie seine Telefonnummer noch nicht kannte. Er konnte einfach nicht anders und legte seine Hände um ihre Taille, ganz so als ob er damit sagen wollte:

„Entschuldige Liebling, das wird in Zukunft nie mehr passieren!"

Er drückte sie freundschaftlich und dieses Mal verspürte er deutlich, dass sie ihm entgegenkam. Als ob sie damit sagen wollte, ja, genau darauf habe ich schon gewartet. Da war mehr zwischen den beiden als zwei kleine feste Brüste, die in diesem Fall Kristin gehören mussten. Was ihm bisher völlig entgangen war, denn schien sie doch auf den ersten Blick völlig flach zu sein. Zumindest wirkte sie so, denn sie hatte sich bisher nur in ihrem luftigen Sommerkleid gezeigt, was anscheinend mehr verbarg als tatsächlich vorhanden war.

„Das müssen wir aber sofort ändern, denn das darf nicht mehr passieren."

Kristin löste sich aus dieser beinahe schon innigen Umarmung, und sie kramte in ihrer übergroßen, schicken Handtasche mit dem goldenen Schriftzug aus Mailand nach ihrem brandneuen Smartphone. Geschickt wendete sie sich etwas zur Seite um es zu entsperren und war nach einer weiteren *Scheibenwischergeste* startklar, um Roberts Telefonnummer in ihr digitales Adressbuch einzutippen.

„Das ist aber eine seltsame Nummer!", wunderte sie sich in Anbetracht der ihr unbekannten Vorwahl. Aber gleich fiel ihr wieder ein, das Robert ja in Südafrika zu Hause war.

„Ja, bei uns sind die Nummern etwas länger als in Deutschland. Aber Südafrika ist auch viel größer!", so scherzte er.

„Du sprichst sicher von den Telefonnummern?", flachste Kristin eindeutig zweideutig zurück.

Ein paar Minuten alberten sie so hin und her, und noch bevor die Pause zu Ende war verabredeten sich die beiden für nachmittags um kooperativ mit ein paar anderen Mitschülern die Hausaufgaben zu machen. Eine kameradschaftliche Gemeinschaft hatte sich gebildet und sie trafen sich in *Camps Bay*, einem kleinen schmucken Vorort von *Cape Town*.

Nur Leute mit viel Geld schienen hier zu wohnen, in Anbetracht der Villen, die wie aufgeschichtete Legosteine an diesem dicht bebauten Hang klebten. Robert war darauf aber nicht neidisch, wie sonst hätte er sich mit Leib und Seele dem einfachen Leben im afrikanischen Busch verschrieben. Aber trotzdem fand er es hier auch ganz nett! Vor allem der traumhafte Strand, der aus feinem weißem Sand bestand, hatte es ihm angetan. Auf einer Decke sitzend die Hausaufgaben zusammen in einer fröhlichen Truppe zu erledigen, hinter sich die *Zwölf Apostel*[4] und vor sich das strahlend blaue Meer, das hatte auch für Robert schon etwas Besonderes und eröffnete ihm völlig neue Horizonte. Die frische Seeluft tat ein Übriges dazu.

"So ein Klassenzimmer hatte ich mir schon

---

[4] Bergkette vom Tafelbergplateau aus entlang des Atlantiks

immer gewünscht. Hallo zusammen!", begrüßte Robert die lockere Runde seiner Mitschüler.

Diese saßen bereits auf ihren ausgebreiteten Decken und Badematten, und Kristin hatte sich ebenfalls schon zu ihnen gesellt. Wie hätte das denn in den Augen der anderen ausgesehen, wenn sie sich etwas abseits gesetzt hätte! Hier, fernab der Schule, wurden endlich alle guten Vorsätze über Bord geworfen sie unterhielten sich wie selbstverständlich in sämtlichen Sprachen wild durcheinander. Trotzdem kamen sie bei den Hausaufgaben, die trotz des immensen Spaßfaktors rundherum sehr ernst genommen wurden, immer wieder auf einen gemeinsamen Nenner. Es war schon ein riesen Unterschied zu einer herkömmlichen Schule, in die man einfach nur gehen musste, weil es die Pflicht erforderte. Hier in Kapstadt waren sie aber alle freiwillig mit dem gemeinsamen Ziel, ihre bisherigen Englischkenntnisse zu verbessern. Waren es Tage zuvor noch die lustigen Rollenspiele in der Schule, so war es hier auf einmal Realität. Was nicht weniger Spaß untereinander verbreitete, vor allem jemand nach einem bestimmten Wort für einen bestimmten Gegenstand oder Begriff suchte.

Spielerisch näherten sich nicht nur Kristin und Robert einander an, auch unter den Mitschülern zeichneten sich erste, zart geknüpfte Bande ab. So erzählte der eine oder die andere der Studierenden mal mehr oder weniger Privates über sich und es war ein wunderbarer Austausch, von dem Robert und Kristin nicht ausgeschlossen waren. So war zu erfahren, dass Kristin als Rechtsanwältin in ihrer Heimatstadt beim Mieterbund arbeitete, in einer kleinen Lübecker Altstadtwohnung lebte und nicht verheiratet war. Aber sie hatte einen Freund, was sie jedoch nur beiläufig erwähnte.

"So dick konnte die Liebe dann also nicht sein!", dachte sich Robert und schob weitere Gedanken schnell beiseite.

Auch er erzählte etwas mehr über sich, wie es zu seiner Auswanderung kam, von der er schon als kleiner Junge träumte und wie er letztendlich in Südafrika landete. Die anderen Studenten zeigten sich sichtlich beeindruckt, waren sie doch zu Hause jeder für sich in einem ganz stinknormalen Job gefangen. Und dieser Robert hatte einfach seine Träume wahrgemacht, die Nägel mit Köpfen versehen und ist mit Sack und Pack einfach ausgewandert. So kam es, dass Robert viel mehr erzählen musste als die anderen, denn wer träumte nicht immer schon davon, einmal in seinem Leben etwas komplett Neues zu machen. Auch Kristin hing förmlich an seinen Lippen, wenn er erzählte. Was Robert natürlich nicht entging, zumal sich immer und immer wieder ihre Blicke trafen und intensivierten.

Die erste Woche neigte sich dem Ende zu. Wie gerne hätte er sich an diesem Wochenende mit Kristin verabredet, nur - leider musste er ausgerechnet jetzt dringend nach Hause reisen. In seinem Unternehmen gab es offenbar *ein kleines Problem*, wie ihm seine Sekretärin per Telefon mitteilte. Eine Reisegruppe aus Italien hatte einen Unfall und verlangten nun, wegen einer versicherungstechnischen Frage den Chef des Safariunternehmens persönlich zu sprechen. Robert fügte sich diesem, obwohl es auch anders zu lösen gewesen wäre. Aber es war nun mal sein Unternehmen und das lag ihm sehr am Herzen. Was sind dagegen die hochgefährlichen 1100 km, die er an diesem Freitag in der Nacht vor sich hatte. Fahren in der Nacht bedeutete so viel wie Selbstmord. Schnurgerade Straßen, die schnell ermüdeten, kein Handyempfang zwischen den ´zig kilometerweit auseinandergelegenen Ortschaften, der

Verkehr gleich null und nur lückenhaft schützende Zäune vor allerlei wildem Getier, welches die Straße meist ohne Ankündigung kreuzte. Dazu gehörten unter anderem auch Kühe und Ziegen, die von Einheimischen im Schutz der Dunkelheit illegal auf die Weide entlang der Straße getrieben wurden. All das war Robert klar, aber Kristin saß in seinen Gedanken neben ihm. Ansporn genug, sich hochkonzentriert auf diese Nachtfahrt einzulassen.

Total müde und ausgepowert kam Robert am Samstagvormittag nach guten 13 Stunden Fahrt zu Hause in *Upington* an. Keine drei Stunden später hatte er das Problem mit der Reisegruppe gelöst und ohne Rücksicht auf die Tageszeit fiel er in einen Koma ähnlichen Schlaf. Als er wieder halbwegs zurück unter den Lebenden war, frühstückte er nach einer ausgedehnten Dusche zusammen mit einem Teil seiner Angestellten. Für sie waren alle Tage in der Woche wie selbstverständlich Arbeitstage. Wer für irgendetwas frei haben wollte, nahm sich die Zeit und das funktionierte in Roberts Unternehmen perfekt. Seine Entlohnung, sowie die des Personals ging auf Provisionsbasis und so hatte jeder die gleichen Interessen. Über einen zufriedenen Kunden freute sich der Chef, weil der Umsatz stimmte und sorgte deshalb mit einer guten Entlohnung für einen glücklichen Angestellten. Ein beinahe großartiges Modell!

Roberts Gedanken kreisten beständig um Kristin. Er hatte noch unzählige Fragen an sie, die er im Geiste schon vorbereitete. So ging für ihn die Rückfahrt nach Kapstadt an diesem Sonntag wie im Fluge vorbei.

Hurra, sie hatten sich wiedergefunden! Die Klassenzusammenstellung war die gleiche wie zu Beginn der ersten Woche, Kristin und Robert saßen sich wieder gegenüber. Wenn auch die anderen Mitschüler ihre Plätze zum Teil getauscht hatten, er fühlte sich ganz wohl auf seinem alten Stuhl. Denn so konnte er direkt in Kristins auffallend leuchtende Augen schauen, die bei jedem noch so kleinen Blickkontakt sofort begann zu funkeln. Auch konnte er den Rest von ihr völlig unauffällig beobachten, ohne dass die anderen es groß bemerkten. Von oben bis unten und wieder zurück. Blondes, fast glattes Haar mit einer widerspenstigen Strähne, die ihr permanent das rechte Auge kitzelte, weswegen sie beständig damit zu Gange war, diese um ihren Finger zu wickeln. Oder war es Nervosität? Dann diese blauen Augen, an denen er sich nicht satt sehen konnte. Ihr aufdringlich knallroter Lippenstift schien aufgebraucht zu sein. Gott sei Dank, denn ihre sinnlichen Lippen hatten eine derartige Betonung überhaupt nicht nötig, wenn man ihn gefragt hätte! Dann war da noch ihr strahlendes ansteckendes Lachen, wenn sich jemand mit ihr unterhielt. Der kleine Diamant, der dekorativ auf ihrem linken Schneidezahn aufgeklebt war, betonte dies noch zusätzlich. Oder war der etwa richtig in ein vorgebohrtes Loch eingelassen? Noch nie zuvor ist Robert so etwas aufgefallen, mit Ausnahme bei den *Himbas*[5] im Nordwesten Namibias. Allerdings schlugen diese sich im Kindesalter die Schneidezähne entweder ganz aus, oder sie feilten sich ein Dreieck aus diesen heraus. Ein für westliche Kulturen schwer zu verstehendes Ritual.

„Dann lieber ein fachmännisch gebohrtes Loch, abgedeckt von einer ordentlichen Goldkrone!", dachte sich Robert und war äußerst froh darüber, bislang keine größeren Reparaturen an seinen Zähnen gehabt zu haben. Wie kindlich schlank sie doch war, ja – und auch nicht *unhandlicher* als die hübsche Lingh aus

---

[5] Ethnische Minderheit in Namibia

Shanghai, die direkt neben Robert saß. Obwohl er inzwischen längst wieder Single von der Sorte *„Nur nichts anbrennen lassen"* war, interessierte sie ihn nicht im Geringsten. Klar, zugegeben, hübsch war sie schon mit ihren Mandelaugen, aber sie entsprach eben überhaupt nicht seinem Typ. Außerdem, so dachte Robert, wie beknackt würde es sich wohl anhören, wenn *er* mit *ihr* verbandelt wäre und ihre Verwandtschaft seinen Vor- und Zunamen Robert Rahrichter in eine chinesische Variante zu *Lobelt Lahlichtel* verwandelte! Das ginge ja gar nicht!

Welch makellose, braungebrannte Beine dagegen doch Kerstin hatte, die sich ihm unter dem Konferenztisch hervor entgegenstreckten. Robert wusste bisher immer noch nicht allzu viel über sie und es blieb ihm nichts anderes übrig, als sie lediglich auf ihr Äußeres zu reduzieren. Dabei brannten so viel Fragen in ihm an diese Frau. Des Öfteren gab es Momente, da war ihm sogar der Unterricht aber auch *so was von wurst*[6]. Ihr sommerlich luftiges Minikleid, dessen untere Hälfte lediglich einem breiteren Gürtel entsprach und sie anscheinend

---

[6] Umgangssprachlich für: egal

bevorzugt trug, verleitete zu der Vermutung, dass sie kleidungstechnisch unterhalb der Tischkante nicht viel mehr am Leib trug als ihre weißen Sneakers. Roberts Fantasie war rege und oft ging sie mit ihm durch wie ein Pferd, das die Peitsche an der Hinterbacke spürte. Er genoss es, ihr gegenüberzusitzen. Auch sie schien seine Blicke zu spüren, denn immer wieder erwischte sie sich dabei, wie sie ihre Beine öfters übereinanderschlug als sonst. Jedes Mal schossen aus ihren Augen feurige, unsichtbare Pfeile auf ihr Gegenüber, ganz so als ob sie damit sagen wollte:

„Na, mein Lieber, ich hoffe *du* hast *meine* Aktion nicht verpasst!" Sie wusste inzwischen genau, wo überall Roberts Augen auf Forschungsreise unterwegs waren.

„Ja, die Männer und ihr von Testosteron geschürter, naturgegebener Entdeckertrieb, das ist schon eine aufregende Mischung!", dachte sie sich noch und es schien beinahe so, als ob sie Gefallen daran fand, Roberts triebhafte Neugierde noch mehr zu schüren, ja - sogar herauszufordern. Wie konnte sie auch ahnen, dass der *arme Buschmann* vom Lande ihre Blicke völlig anders deutete und diese sein Herz *voll in die Mitte* trafen.

Das Einzel-Date

Robert und Kristin verabredeten sich zum ersten Mal für den Abend. In einem wunderschönen Hotel, nicht weit von Roberts Unterkunft, konnte man einen spektakulären Sonnenuntergang genießen. Er kannte diesen Platz gut, denn nach dem Schulunterricht saß er schon öfters mit einem Getränk auf der Veranda dieses charaktervollen Hotels im Kolonialstil und machte dort seine Hausaufgaben. Normalerweise bevorzugte Robert dazu ein frischgezapftes, eiskaltes *Bier vom Fass*. Wie im südlichen Afrika nicht unüblich, wurde dies in einem geeisten Glas serviert, welches direkt aus der Kühltruhe kam. Aber ab und zu gönnte er sich auch mal einen Cocktail wie *Tequila Sunrise* oder *Sex on the Beach*. Dieses stilvolle Ambiente wäre sicher ein geeigneter Platz, um sich endlich einmal mit Kristin nur unter vier Augen auszutauschen. Um ganz sicher zu sein, reservierte Robert auf nachmittags 17:00 Uhr zwei Plätze. Das war notwendig, denn zur Feierabendzeit war die Veranda des Hotels ein beliebter Hotspot unter den besserverdienenden *Cape´s People*, wie man die Einwohner Kapstadts nannte. Der Stadtteil Sea Point hatte nicht nur eine imposante Strandpromenade, sondern auch einige ausgesuchte Restaurants in denen man hervorragend speisen konnte. Dazwischen versteckten sich neben kleinen Cafés auch einfache *Kneipen*, in denen die weniger gut betuchten Hafenarbeiter verkehrten.

Unruhig trat Robert von einem Fuß auf den anderen. Er konnte es kaum erwarten und war schon eine viertel Stunde früher am verabredeten Hotel. Schon von weitem konnte er Kristins blonden Schopf erkennen. Die frische Meeresbrise, die vom atlantischen Ozean her blies, ließ ihr Haar wie eine ausgefranste Flagge im Wind aussehen. Trotzdem näherte sie sich *ladylike* mit kleinen Schritten auf dem Pflaster der Promenade. Auch Kristin erkannte Robert schon von weitem und winkte ihm freudig zu. Mit einer Umarmung begrüßten sich die beiden herzlich und Robert verspürte ein Kribbeln im Bauch, als ob eine Termitensippe ihren Familientreff abhielt. Auch Kristin ließ es nicht völlig kalt, denn auch an ihr waren die letzten Tage nicht vorrübergegangen, ohne dass sie bemerkt hätte, dass da mehr war - zwischen ihr und Robert. Ganz den *Gentleman* mimend ging dieser voraus und fragte den Chef Ober höflich nach den von ihm reservierten Plätzen auf der

Terrasse. Dieser schmunzelte nur diskret, denn inzwischen kannte er Robert natürlich und wusste genau, normalerweise ging *der* direkt zu seinem Stammplatz. Auch ohne vorher zu fragen! Als hätte Robert nie im Leben etwas anderes gemacht, schob er Kristin den bequemen Terrassenstuhl zurecht. Tief einatmend sog er begierig ihr dezentes Baby-Öl-Parfüm auf, als sie sich setzte und ein übersteigertes *„Danke schön der Herr"* von sich gab.

„Entschuldigung gnädige Frau, hat Ihnen schon einmal jemand gesagt, was für einen bezaubernden Hintern Sie haben?", konterte Robert schlagfertig.

Er hätte auch höflich *Rücken* zu ihrer Kehrseite sagen können, tat dies aber bewusst nicht.

„Wenn die mich sticheln kann, dann kann ich das auch!", so seine Logik.

„Ich bewundere Ihren Scharfblick und stelle zu meiner Freude fest, dass Sie nicht nur an meiner Vorderseite Gefallen finden. Welche Sie übrigens schon ausgiebig bewundern durften!"

Etwas verlegen konnte sich Robert ein Grinsen nicht verkneifen. Er stand spontan auf, streckte Kristin seine Hand hin und sagte:

„Entschuldigung, ich hatte mich Ihnen noch gar nicht vorgestellt. Hallo, mein Name ist Rahrichter, Robert Rahrichter. Sie dürfen gerne Robert zu mir sagen!"

Das fing ja gut an. Was den Humor anbetraf, hatten die beiden sich gesucht und gefunden. Kirsten gefiel dieser Platz. Sie saßen gleich vorne an der Sandsteinbalustrade, welche anstelle eines ordinären Geländers die Terrasse vom Vorgarten trennte. So erhöht, hatten sie eine spektakuläre Aussicht auf die Promenade, den schmalen Sandstrand und den dahinterliegenden, unendlich weiten Ozean. Noch stand die Sonne hoch und ihre Wärme lag wohlig warm auf der Haut. Das konnte nicht nur Kristin spüren, sie hatte heute wohl ihr allerluftigstes Kleid ausgesucht, welches sie mit dabeihatte. Feuerrot, mit riesigen Blumenblüten in den schrillsten Farben. In der Mitte durchtrennt von einem *quitschegelben* Gürtel. Robert musste in sich hineinschmunzeln! Mit dieser Frau, in diesem Kleid, in Mitte des afrikanischen Busches auf Safari zu gehen, wäre sicherlich der Schrecken aller wildlebenden Tiere. Vielleicht mit Ausnahme von ausgehungerten Honigbienen. Robert war ebenfalls locker und leger gekleidet. Er trug oben rum nur ein kurzärmliges Hemd, bei dem die obersten zwei Knöpfe offenstanden. Seine offensichtlich nicht rasierte Brust ließ Kristin zu ihrer Freude einen kuschligen Waschbär Bauch erahnen. Unten rum trug er eine kurze Hose, aus der zwei lange, braungebrannte Beine bis hinab zu den ledernen Flipflops reichten, die aus Antilopen Leder gefertigt waren. Fast alle Männer im südlichen Afrika liefen meist in kurzen Hosen rum und so machte auch Robert keine Ausnahme. Davon abgesehen forderte das durchweg mediterrane Klima leichte Bekleidung förmlich heraus, besonders zu dieser Jahreszeit. Optisch passten die beiden perfekt zueinander, obwohl Robert fast einen Kopf größer als Kristin war. Dazu er hatte einen leichten Bauchansatz. Für Kristin gehörte das nun mal zu einem richtigen Mann und genau das war es auch, was ihr an ihm so gefiel. Sie stellte es sich schon im Geiste vor, wie sie mit ihrem *Teddybären* kuschelte, während ihre zarten Finger in seinem Brusthaar Halt fanden. Das gestand sie ihm noch am gleichen Tag.

Auch das schönste Date hatte einmal ein Ende, zumal die Tage in Südafrika auch nur 24 Stunden haben. So vergingen die Stunden wie im Fluge und vor lauter Reden wurde ihr

Essen kalt. Dabei hätten sich Robert und Kristin noch so viel zu erzählen gehabt, wenn, ja - wenn die Schule nicht gewesen wäre. So machten sie sich schließlich auf ihren Weg nach Hause. Wider Erwarten völlig ohne gegenseitige, triebgesteuerte körperliche Angriffe. Brav und wie guterzogene Kinder trennten die beiden sich, mit derselben herzlichen Umarmung, mit der sie sich ein paar Stunden zuvor schon begrüßt hatten.

„Morgen wieder?", fragte Robert noch schnell, während er über die Schulter noch einmal kurz zurückblickte?

„Wie könnte ich dazu wohl nein sagen! Außerdem würde ich gerne noch testen, ob das Essen warm ebenfalls schmeckt!"

Die beiden Turteltauben kamen sich immer näher, ihre Gespräche wurden intensiver und intimer. An einem wiederum wunderschönen Abend, bei einem vorzüglichen Essen, es gab übrigens Perlhuhn Brust an Kartoffelstampf mit Rotkraut, welches wie üblich die Temperatur von heißserviert bis kaltgeredet durchlief, passierte es dann doch! Auf dem Weg nach Hause verlangsamten sich ihre Schritte, und wie auf ein Kommando machten

57

sie bei einer Parkbank Halt. Von satt grünem Rasen umrahmt streckten sich zwei Palmen weit hoch in den blauen Abendhimmel, das Meer wirklich nur einen Ballwurf entfernt - einen idyllischeren Platz konnten sie sich nicht aussuchen. Robert setzte sich und zog Kristin sachte zu sich auf die Bank. Ohne dass es Worte bedurft hätte legte sie ihren Kopf an seine Schulter, und sie genossen diesen magischen Moment, als die Sonne gerade eben am Horizont verschwand um am anderen Ende des Ozeans den frühen Morgen in Argentinien einzuleiten.

Robert spürte ihre Finger, wie sie sachte unter sein Hemd krochen und sich langsam und zärtlich durch seine Brusthaare wühlten. Längst waren ihre Augen geschlossen. Wie zum Schutze gegen imaginäre Dämonen in aufkommenden Nacht hatte er seinen Arm um sie gelegt. Nur Kristins kindliche Statur war nun schuld, dass er sie im wahrsten Sinne des Wortes *umarmen* konnte, wobei seine Hand zufällig auf ihrer Brust zu liegen kam. Wo sie allerdings nicht lange lagen, denn seine Finger fingen förmlich an zu wachsen, wurden immer länger und agiler und gingen, wohl in der Natur des Mannes liegend, auf Erkundungstour.

Nur getrennt durch den hauchdünnen, bunt geblümten Stoff ihre Bluse konnte er mit seinen langen Fingern ertasten, wie sich darunter ihre eben noch butterweiche Brustwarze in eine erntereife Weintraube zu verwandeln schien. Robert liebte frische Früchte dieser Art, ja, das konnte man so sagen! Und wie gut Kristin roch, der feine *Duft* ihres Körpers kroch in jede Ecke seiner Nase, obwohl sie offensichtlich kein Parfüm benutzte. Ausgenommen Baby Öl!? Begleitet von den frischen Meeresbrisen, die vom Wasser her rüber zogen, konnte Robert das Mädel im wahrsten Sinne des Wortes wirklich gut riechen! Schweigend saßen die beiden nebeneinander, keiner von ihnen wagte es, diesen innigen Moment zu unterbrechen und ihn damit zu beenden. Erst als es inzwischen dunkel wurde lösten sich die beiden voneinander, denn kaum war die Sonne weg, wurde es auch schon kühler. Der Übergang vom Tag zur Nacht vollzog sich in Windeseile. Wortlos machten die zwei sich wieder auf den Weg. Anscheinend dachten sie beide dasselbe, was weitere Worte überflüssig machte. Robert begleitete Kristin bis zu ihrem Hotel, welches nicht weit von seinem B&B entfernt lag. Hand in Hand gingen sie auffallend langsam, ganz so, als ob sie den Tag damit verlängern wollten um dieses Gefühl, das im Moment in ihnen brannte, für immer festzuhalten und bis ins Unendliche auszukosten. In der Nische eines Hauseinganges war es dann soweit, und der Mann in Robert stellte sich seinem eigenen, zurückhaltenden Wesen entgegen.

„Hey, sag mal", sagte seine innere Stimme, „bist Du eigentlich ein Mann, der weiß, was er will oder willst Du solange warten, bis sie denkt Du bist schwul, auf dem Weg ins Kloster, oder gar asexuell?"

Er gab sich innerlich einen Ruck. Sachte dirigierte er Kristin in die Ecke eines stockdunkeln Hauseingangs und legte zart seinen Zeigefinger auf ihre Lippen.

"Bitte – bitte - sag jetzt nichts!"

Ganz nahe zog er sie zu sich heran und küsste sie zum allerersten Mal. Kristin ließ es nicht nur geschehen, nein, sie kam ihm sogar entgegen. Kusstechnisch gesehen, denn immer dann, wenn er ansetzte aufzuhören um nach Luft zu schnappen, war es Kristin, die ihn geradezu bedrängte weiterzumachen. Das war wohl der längste Kuss seines Lebens und wenn nicht zufällig jemand gekommen wäre, der in dieses Haus wollte, weil er dort wohnte, sie würden wahrscheinlich noch heute dort stehen.

Von diesem Tag an waren Robert und Kristin ein unzertrennliches Paar. In der Schule blieb das natürlich nicht mehr lange verborgen. Das musste es auch gar nicht sein. Wieso denn auch, waren sie schließlich doch alles erwachsene und mündige Bürger. Mal holte Robert sie morgens vor ihrem Hotel ab, dann wiederum war es Kristin die ihn vor seinem B&B traf. Wie kleine Kinder gingen sie Hand in Hand zur Schule. Abends trafen sie sich um miteinander zu essen, besuchten Bars und Konzerte oder gingen miteinander ins Kino, aber nie wurden die Hausaufgaben vernachlässigt. Die machten sie fortan zusammen in ihrem Café, in dem sie sich zum ersten Mal näher unterhielten, denn die Wohnung des anderen war immer noch tabu. Das Wochenende lag vor ihnen und sie verabredeten sich für einen Besuch im I-Max Kino, welches im BMW Center nicht unweit des Hafens seinen Platz hatte. Erwartungsvoll gingen sie zusammen das Programm durch und entschieden sich für eine Doku. Das war ganz in Roberts Sinne, denn für eine auf die Tränendrüse drückende Hollywoodproduktion hatte der überhaupt keine Lust.

Klassisch ausgerüstet mit einer Packung Popcorn betraten sie den Vorführraum, oder besser gesagt, diese riesige Halle, die einer überdachten Arena glich. Sichtlich beeindruckt schauten die beiden sich um. Es war ein Kino der Superlative, völlig neu mit einer halbrunden Leinwand die sage und schreibe 16 Meter lang war. Eine mehrere 1000 Watt starke Musikanlage sorgte aus 45 unsichtbar installierten Lautsprechern für den richtigen Soundtrack. Eine technische Meisterleistung. Obwohl die Vorführung gut besucht war und doch einige Menschen damit beschäftigt waren ihre Plätze aufzusuchen, es ging alles fast lautlos von statten. So gut war der abgedunkelte Saal mit dicken Vorhängen gedämpft. Es war ein ganz besonderer Film, den die beiden sich ausgesucht hatte. Kein Liebesfilm wie man hätte meinen können, sondern eine völlig normale tierische Dokumentation über – Delfine! Für die Zuschauer war es schon sehr beeindruckend, die Unterwasseraufnahmen auf einer solch großen Leinwand zu sehen. Auch Robert und Kristin hatten zeitweise das Gefühl, mit unter Wasser zu schwimmen. Je größer die Delfine, Haie und Wale auf der Leinwand wurden, desto näher schmiegte sich Kristin an Robert.

Anscheinend schien die in schöne Bilder gefasste Story auf das Paar überzugreifen, denn als im Film über die beinahe menschlich wirkenden sozialen Kontakte der Delfine und ihrem damit verbundenen Sexualverhalten und Treue berichtet wurde, verschlangen sich ihre Hände immer fester ineinander. Obwohl die Produktion eigentlich eine ziemlich sachliche Dokumentation war, für die beiden war es mehr als ein schön gemachter Film, das war ganz großes Kino. In ihrer Gemeinsamkeit an Desinteresse für filmische Edelschnulzen wäre die Titanic, rein filmtechnisch gesehen, sicherlich umsonst gesunken!

Auch der schönste Kinofilm hat ein Ende, an diesem Tag sogar ein "Happy End". Kristin und Robert hatten das Gefühl, füreinander geschaffen zu sein. Besonders Kristin verspürte immer deutlicher, dass sich ihr bisher eher spielerischer Umgang mit dem Auswanderer allmählich in echte Gefühle verwandelte. Auf dem Nachhauseweg von ihrem Kinoabend suchten die beiden noch eine kleine Bar auf, aus der laute Musik dröhnte. Auf den ersten Blick war zu erkennen, hierher verirrte sich wohl selten ein Tourist. Lediglich ein paar derbe, hemdsärmelige Männer unterschiedlicher

Herkunft und Hautfarbe hingen in der verrauchten Bar ihren wohlverdienten Feierabend ab. Wie selbstverständlich gesellten sie sich direkt zu ihnen an den Tresen, ganz so als ob sie ebenfalls Stammgäste wären.

„Een Klipdrift[7] asseblief!"

Robert bestellte sich ohne lange zu überlegen einen Brandy, wie ihn meist nur Einheimische tranken.

„Mach zwei!", folgte ihm Kristin lachend und unterlegte dies, indem sie ihren Daumen und Zeigefinger mit dem Handrücken zu dem Mann hinter der Bar hochhielt.

„Bei uns im Norden trinkt man üblicherweise Korn, aber euer *Nationalgetränk* muss ich natürlich auch probieren. Sonst kann ich ja nicht mitreden!"

Fix hatte der umsatzorientierte Barkeeper den *Sprit* in zwei Wassergläser eingegossen. Die Menge des Hochprozentigen war Gott sei Dank recht grob geschätzt - in Anbetracht der eingetrübten Gläser, die ihren Fertigungsprozess vermutlich schon in der Antike

---

[7] Beliebter Brandy, der in Robertson (RSA) hergestellt wird

hatte! Dank Kristins offener und direkter Art kamen sie schnell mit den Leuten ins Gespräch, die, wie es sich herausstellte, tatsächlich allesamt Fischer waren. Die Schule zeigte bereits gute Erfolge und eine witzige Konversation entwickelte sich. Auch verfehlte der inzwischen schon dritte Brandy seine Wirkung nicht, dieser löste endgültig die Zungen von jeglichen sprachlichen Hemmungen.

"Macht ihr hier zusammen Urlaub?", fragte einer von ihnen Kristin, er konnte schon, seit sie die Bar betreten hatte, seine Augen nicht von ihr lassen. Das fiel Robert sofort auf.

"Mann, die beiden Turteltauben sind doch frisch verheiratet! Hast du denn keine Augen im Kopf?", meinte ein anderer. Grölendes Gelächter folgte auf dem Fuße. Robert konnte mithalten.

"Du hast recht", konterte er schlagfertig!

„Wir sind schon im verflixten 7. Jahr und es wird bald Zeit für einen Wechsel! Aber du wirst es mit ihr auch nicht leicht haben", erwiderte er dem Typen mit den Stielaugen.

Die derben Männer bekamen sich fast nicht mehr ein, und Kristin, die einzige Frau in dieser Bar, schlug verbal ebenso schlagfertig zurück. So folgte ein Spruch dem anderen, von denen einige alles andere als jugendfrei waren. Diesen Abend sollte Robert noch lange in seinem Gedächtnis behalten. Leicht beschwipst verließen sie den Ort der Fröhlichkeit, aber immer noch standfest und sicher auf den Beinen. Sie lachten und glucksten auf dem Nachhauseweg wie Kinder über diesen einzigartigen Abend in der kleinen Bar, in welcher sie eigentlich nur einen kleinen *Absacker* nehmen wollten. Übertrieben theatralisch wiederholten sie in Englisch noch einmal die vorangegangenen Minuten und kriegten sich dabei nicht mehr ein.

"Na, wie fühlst du dich als Frau Rahrichter?", fragte Robert, der vor Lachen noch völlig aus der Puste war, als sie inzwischen wieder am *Haus der ersten Küsse* ankamen.

"Verdammt gut, aber bitte, bitte halte jetzt mal den Schnabel, komm deiner ehelichen Pflicht nach und küss endlich deine Ehefrau!"

Dieses Mal war es Kristin, die ihn am Arm mit in die schon bekannte Ecke zerrte und Robert ließ sich nicht zweimal bitten. Die beiden verschlangen sich förmlich gegenseitig. Ihre Körper pressten sich aneinander und

Robert spürte ihre kleinen, festen Brüste direkt vor seinem Herzen. Ihr Puls synchronisierte sich zu einem rasenden Rhythmus und tief atmend konnte er fühlen, wie ihre zu Nippeln mutierten Brustwarzen förmlich ihre Bluse zu durchstoßen schienen. Für Robert, der inzwischen schon länger einer Frau nicht mehr so nahe stand wie in diesem Moment, eine ungewohnte Attacke, der er sich aber standhaft stellte. Standhaft im wahrsten Sinne des Wortes, was auch Kristin nicht entgangen war. Im Gegenteil, es gefiel ihr offensichtlich, denn sie fing eben damit an, unter Einsatz ihres ganzen Körpers sich wie eine Schlange an ihm zu winden. Gott sei Dank war sie keine monströse Anakonda, denn spätestens jetzt hätte sie Robert erwürgt.

Noch während sie sich heiß und innig küssten, erhöhte sie mit ihrem sich auf und ab bewegenden Knie den Druck auf Roberts *"Schlüsselbund"* in seiner linken Hosentasche, bis sie einen tiefen Atemzug der Erleichterung vernahm. Seine Beine gaben nach und fühlten sich an wie Omas ausgeleierten Gummistrümpfe. Was um Himmels willen war denn das? Sex in der Öffentlichkeit, bei fremden Leuten vor der Haustür mit einer Frau, die ihm eigentlich noch ziemlich fremd war. Und das auch noch in Klamotten! Das war für ihn, der in seinem Leben wirklich schon einiges erlebt hatte, eine völlig neue Erfahrung. Klar war er verliebt in Kristin, aber Robert war ein normaler, anständiger Mann und keineswegs schwanzgesteuert wie manch ein von Testosteron überfüllter Jüngling. Anstandsabstand nannte er das, wie er später Kristin erzählte. Und nun stand er auf einmal da! Vor ihm diese aufregende Frau und er mit einem gar nicht unauffälligen, feuchten Fleck in der Hose, der sich sogar im Schein der Straßenlaterne noch deutlich abzeichnete. Sollte er sich jetzt dafür schämen?

"Soll ich dir mal was sagen?", löste Kristin Roberts Blockade mit einem kichernden Blick auf seine Hose.

„Das ist mir eben auch passiert und es ist mir *so was von schnuppe*. Wobei – nein – egal ist es mir eigentlich nicht. Es ist sogar gut so! Und außerdem, das trocknet ja schnell. Sehen wir uns morgen wieder?"

Kristin war eine unglaubliche Frau, für Robert die *Super-Woman* überhaupt. Schon lange hatte er keine derartig intensiven Gefühle mehr für eine Frau entwickelt. Zumindest lag das schon ein paar Jährchen zurück. Er genoss sein Leben als Single in vollen Zügen und war beruflich derart engagiert, dass er an eine feste Beziehung überhaupt nicht dachte. Und genau jetzt platzte völlig unerwartet diese *kühle Blonde aus dem hohen Norden* mitten in sein Leben. Er war hin und hergerissen und hätte Kristin am liebsten gleich mit nach Hause genommen. Robert ließ nichts unversucht, sie mit allem was ihm nur einfiel, für Südafrika zu begeistern. Das schöne Wetter und das beständige Klima nicht ausgenommen.

Sie verbrachten eine wunderbare Zeit an dieser Sprachenschule, lachten viel und hatten jede Menge Spaß miteinander, auch wenn die Freizeit durch den Unterricht begrenzt wurde. Viele großartige Gespräche führten sie außerhalb der Schule, aber genau so viel Zeit verbrachten sie mit Kuscheln, was allerdings nie über äußerst *intensive* Umarmungen hinausging. Als ob sich noch eine unsichtbare Schranke zwischen den beiden befand. Die Tage vergingen viel zu schnell und das Ende ihres Sprachstudiums lag direkt vor ihnen. Sie trafen sich am letzten Abend noch einmal, aber weder in ihrem Hotel, wie man denken könnte, noch in dem B&B, wo Robert untergebracht war, sondern in *ihrem* kleinen Café. Dort, wo sie sich das erste Mal näher kennenlernten. Zum ersten Mal führten sie ein richtig ernsthaftes Gespräch miteinander, die Trauer über ihre bevorstehende Trennung bohrte tiefe Löcher in ihre Herzen. Robert hatte einen ultra dicken Kloß im Halse stecken und auch Kristin musste mit Tränen kämpfen. Ihre bisher so strahlenden Augen hatten ihren Glanz verloren. Nur noch ein paar Stunden trennten sie von ihrem Abschied.

„Wie geht es dir?", fragte Kristin zuerst, nachdem sie eine ganze Zeit wortlos nebeneinandersaßen und ihre sonst so leuchtenden Blicke bohrten imaginäre Löcher ins Nichts.

„Du erwartest jetzt sicherlich keine Antwort von mir!"

Kristin konnte spüren, dass es Robert anscheinend mehr belastete als sie selbst. Hatte sie ihm, beziehungstechnisch gesehen, nicht heimlich Hoffnungen auf mehr gemacht? Nein, versprochen hatte sie ihm überhaupt nichts, auch wenn es Robert vielleicht so auffasste.

„Es wäre so schön, wenn ich dich hier in Südafrika behalten könnte. Ich würde aber auch zu dir nach Lübeck kommen, wenn ich dement-sprechend eine Arbeit finden könnte. Ich möchte einfach nur gerne mit dir zusammen sein, weil ich glaube, ich liebe dich. Nein, was heißt glauben - ich bin mir dessen sogar ganz, ganz sicher!"

„Weißt du, ich finde das mit dir auch wunder-schön und du wirst mir ebenfalls fehlen. Aber meinen gut bezahlten Job kann ich um nichts in der Welt sausen lassen, denn ich habe noch ei-nen Kredit abzubezahlen. So wie du dir deinen Traum in Afrika erfüllt hast, so habe ich mir den Traum einer eigenen kleinen Altstadtwoh-nung erfüllt. Mit Blick auf den Marktplatz und sogar ein kleines Stück vom alten Hafen kann ich sehen. Zumindest vom Balkon aus!"

Ihr Gespräch wurde auf einmal inhalt-lich abgrundtief, zum ersten Mal fand weder Kristin noch Robert einen Grund zu Lachen. Sogar äußerst intime Details wie ihre finanzi-elle Situation legten sie einander offen. Sie wa-ren so vertraut und offen miteinander, als ob sich schon ewig kannten. Der Ernst ihrer Unter-haltung führte die beiden wenigstens etwas aus ihrem Loch heraus, in das sie zu Beginn des Abends fielen.

„Ich werde dich auf alle Fälle so bald wie nur möglich besuchen, ich möchte doch sehen wie du lebst und wohnst. Von Afrika hatte ich bisher noch nicht viel mitbekommen. Außer, dass Kapstadt eine wahnsinnig aufregende Stadt ist, in der man tolle Menschen kennenlernen kann", versprach Kristin mit einem vielsagenden Blick.

Tatsächlich hatte sie bisher mit Ausnahme von Cape Town, dieser multikulturellen Millionenstadt, noch nicht allzu viel gesehen. Die Gelassenheit und Fröhlichkeit der vielfarbigen Bevölkerung rund ums Kap zeigte lediglich einen kleinen Ausschnitt aus dem *Lifestyle* Südafrikas. Dabei hatte Afrika noch so viel mehr zu bieten, wie sie aus Reportagen und Filmen vom Fernsehen her kannte. Allerdings hatte sie wie so viele Menschen in erster Linie nur dunkelhäutige Eingeborene vor dem geistigen Auge, die tief im Busch in einer selbstgebauten Hütte leben. Aber solch eine pulsierende und moderne Stadt hätte sie nie erwartet.

„Darf ich dich in *Good Old Germany* auch besuchen?", fragte Robert dann zaghaft, obwohl er sich ihrer Antwort schon ziemlich sicher war.

„Ich bitte dich sogar darum, meine Wohnung steht dir immer offen", doch dann wurde sie auf einmal ganz, ganz leise und sehr ernst.

„Du weißt ja, dass ich einen Freund habe. Wir wohnen zwar nicht zusammen, aber wir respektieren uns gegenseitig sehr, denn keiner von uns will und möchte auf seine Freiheit und Ungebundenheit verzichten. Wir führen sozusagen eine offene Beziehung".

Robert *verstand nur Bahnhof* und versuchte das ansatzweise zu verstehen.

„Eine offene Beziehung?", hakte er murmelnd noch einmal nach.

Das war etwas völlig Neues für ihn! Gewiss hatte er diesen Begriff schon einmal gehört, darüber hinaus aber hatte er keine weiteren Gedanken verschwendet. Diese Frau überraschte ihn immer wieder. Vielleicht war es genau das, was ihn so an ihr reizte? Trotz aller Offenheit ihm gegenüber, Robert konnte spüren, dass Kristin ihm sicherlich noch viel mehr erzählen könnte doch die Stunden liefen nur so davon. Das Personal im Café war schon damit beschäftigt die Tische zu rücken und die ersten Stühle hochzustellen. Dann kam der traurige Moment um adieu zu sagen, denn am nächsten

Morgen hatten sie keine Zeit mehr dazu. Kristin beglich an diesem Tag die Rechnung, da bestand sie darauf. Sie machten sich noch ein letztes Mal auf den Weg nach Hause, doch dieser war an diesem Abend irgendwie anders als sonst. Sie sahen nicht die schlanken, hochgewachsenen Palmen, die die Promenade säumten und sich leicht im Wind wiegten. Auch nicht das blaue Meer, das sich jetzt in der Nacht tief schwarz präsentierte. Stumm gingen sie Hand in Hand in Richtung ihrer Unterkunft, keiner von beiden wusste etwas zu sagen. Aber sie waren sich beide sicher, es wird kein Abschied für immer. Irgendwann werden sie sich wieder begegnen, vielleicht schon bald? Wie von einer Geisterhand gehalten, stoppten sie an diesem *geschichtsträchtigen* Hauseingang. Wiederum war es Kristin, die Robert zur Seite zog, der eigentlich nur noch nach Hause wollte. Ihm war nicht danach, sie sollte nicht sehen, wie nahe er den Tränen war und mit sich kämpfte. Doch sie hielt ihn nachdrücklich fest und schmiegte sich noch einmal fest an ihn.

„Warum hast du nie versucht mit mir zu schlafen."

„Ganz einfach", sagte Robert stockend und flüsterte ebenfalls. „Du bist für mich eine so unglaublich begehrenswerte Frau, du kannst dir nicht vorstellen wie hart es war, mich zurückzuhalten. Nichts hätte ich lieber getan als meinen Herzschlag sich mit dem Deinigen verbinden zu lassen um völlig eins mit dir zu sein. Dich hinterher zärtlich in meine Arme schließen und am Morgen danach gemeinsam aufzuwachen. Aber ich hatte Angst, dich genau deshalb zu verlieren, weil ich mich hinterher gefühlt hätte, dich nur für eine schnelle Nummer in Urlaubslaune missbraucht zu haben. Nur der naturgegebenen körperlichen Laune wegen? Dafür ist mir eine Frau wie du, die ich so sehr wertschätze, viel zu schade. Nicht mein Körper schreit nach Liebe, sondern mein Herz, meine Seele! Und ich möchte mir einfach ganz sicher sein um sagen zu können: Ja, das ist die Frau mit der ich mein Leben verbringen möchte. Doch wir wissen noch so wenig voneinander?"

Irgendetwas schien Robert auf einmal die Luft zu nehmen und seinen Hals zuzuschnüren. Die ganze Welt schien in ihm zusammenzubrechen. Er ließ Kristin stehen und ohne sich noch einmal umzudrehen lief er direkt hinunter ans Meer und schrie dort seine Seele hinaus in die Dunkelheit. Nur das Meer hörte seinen tiefen Schmerz.

Upington, Northern Cape

Spröder Alltag

Robert wischte sich mit dem Ellbogen den Schweiß von der Stirn, seine kräftigen Hände waren staubig. Der Alltag hatte ihn schneller eingeholt, als ihm lieb sein konnte.

Unter strenger Beobachtung des älteren, amerikanischen Ehepaares, welches eine Safari bei ihm gebucht hatte, wuchtete er das schwere Ersatzrad auf den Gepäckträger seines hochbeinigen Geländewagens. Robert überließ nichts dem Zufall, alles musste auf das Penibelste an seinem Platz sein. Eben hatte er das Rad festgezurrt, da klingelte sein Telefon.

„Mann, immer genau dann, wenn ich alle Hände voll zu tun habe …!" scherzte er zu dem Paar gewandt und verdrehte gekünstelt seine Augen.

Völlig außer Puste im Büro angekommen riss er den Hörer von der Gabel. In der Hoffnung, dass dies der sehnlichst erwartete Anruf aus Pretoria war wo er ein wichtiges Ersatzteil bestellt hatte. Er ließ sich in seinen Bürostuhl fallen, der ächzend nach hinten an die Wand rollte. Den Schleifspuren nach zu urteilen, war es nicht das erste Mal.

„Northern-Cape-Tours, hi -my Name is Rob – what can I do for you? "

„Oh, so förmlich mein Lieber? Wie ich feststellen darf, haben Sie in der Schule gut aufgepasst!", hörte Robert lachend Kristins vertraute Stimme.

„Ich möchte bei Ihnen eine Tour buchen. Hätten sie noch was frei?"

„Aber immer doch gerne, für besondere Gäste jederzeit! Hallo meine Kleine, wie bist du nach Hause gekommen, gut gelandet?"

„Ja, aber es ist so kalt hier. Man sollte nicht meinen, dass bei uns der Sommer vor der Tür steht. Du ahnst nicht, wie ich die Sonnenuntergänge am Meer vermisse."

„Dann ist ja alles in Ordnung, ich dachte schon du vermisst vielleicht mich."

Warum auch immer, aber Robert wollte genau das von Kristin hören.

„Aber klar vermisse ich dich, vor allem weil wir so unheimlich viel Spaß miteinander hatten. Die letzten drei Tage waren irgendwie seltsam für mich und ich denke schon mit Grauen daran, morgen früh wieder in meine Kanzlei zu gehen und mich mit verärgerten Klienten abzugeben."

„Und was ist mit deinem Freund, der hat sich doch bestimmt gefreut, dass du wieder zurück bist."

„Der ist im Moment auf irgend so einem esoterischen Seminar, welches für ihn anscheinend viel wichtiger ist als ich. Den sehe ich vielleicht erst kommende Woche wieder."

Freude darüber glaubte Robert nicht in Kristins Stimme zu hören, die auf ihn ziemlich nachdenklich wirkte. Die schlechte Telefonverbindung tat ein Übriges und dazu kam, dass ein Mann beständig durch die Bürotür hereinspickte. Sein *Touri* – er hatte vor lauter *Robert im Glück* völlig seine Gäste vergessen, mit denen er eigentlich schon so gut wie unterwegs war.

Tatsächlich führte Kristin eine außergewöhnliche Beziehung, sie war sehr realistisch veranlagt und nicht so ein Träumer wie Robert. Dieser konnte sich sofort für etwas begeistern und hängte sich ehrgeizig mit vollem Einsatz in eine Sache. Solange bis er sein Ziel erreichte. Robert war ein Erfolgstyp, der ständig nur auf seinen Bauch hörte und die Überholspur nur selten verließ. Einige Male ist er damit auf dem Bauch gelandet und trotzdem, er kam immer wieder auf die Beine. Kristin hingegen war die typische Beamtin. Sie war bestimmt eine gute Anwältin, davon war Robert überzeugt. Wie er wusste ging sie täglich zur Arbeit, machte klaglos Überstunden um ihre Altstadtwohnung zu finanzieren und schien darüber hinaus nicht zu bemerken, dass sie damit innerlich ausbrannte.

Dazu lebte sie noch mit einem Partner in einer *offenen Beziehung,* einem Status, mit dem Robert immer noch nicht so richtig etwas anzufangen wusste! Ist sie nun mit dem Typen liiert, oder nicht? Wusste denn *der* eigentlich, was *er* will, ganz im Gegensatz zu ihm, der genau wusste, was zu einer gut funktionierenden Beziehung gehörte. Denn immerhin war er 20 Jahre verheiratet und damit völlig sicher, einige Fehler aus seiner Vergangenheit garantiert nicht mehr zu wiederholen. Er hatte sich die letzten Jahre gründlich ausgetobt und war bereit für einen Neustart. Und Kristin? Wusste denn wenigstens sie, was sie wollte, oder war ihr Aufenthalt in Kapstadt lediglich eine herrliche Auszeit vom Alltag und sie spielte nur mit Robert?

Ja, der Alltag zog gnadenlos ein. In Upington, im südlichen Afrika genauso wie beinahe am anderen Ende der Welt, in Lübeck. Eine Fernbeziehung über diese Distanz zu führen, das erschien sogar Robert ziemlich sinnlos. Doch er stand dazu, es kommt immer erst auf einen Versuch an. Wofür gab es denn schließlich das Telefon und vor allem das Internet, welches sich inzwischen auch in Südafrika immer mehr etablierte. Allerdings hatte das einen gewaltigen Haken.

Die Verbindung war an manchen Tagen so unbrauchbar, dass der Begriff *grottenschlecht* noch eine Verniedlichung gewesen wäre! Wenn sie dann doch einmal stand, dann sorgte meist ein Stromausfall für abwechselnd mal kurze und mal längere Unterbrechungen. Was Robert als völlig normal hinnahm, hätte bei Kristin schon eine mittlere Krise ausgelöst. Damit konnte er bei ihr also schon einmal keine Punkte sammeln, um sie für sein Afrika zu begeistern. So bestand ihr einziger Kontakt über die quakende Telefonmuschel oder über das verwackelte Bild per Computer-Chat. Wie sehr vermisste Robert die Schattenterrasse mit Blick aufs Meer von *ihrem* gemeinsamen Hotel aus. Dieses Ambiente konnte sein Büro nicht bieten, auch wenn Robert seine *Geliebte* dabei über Skype sehen konnte. Anstelle von Palmen am Meer sah Kristin ein von Robert selbst *gebasteltes* Regal hinter ihm an der Wand, gefüllt mit schwarzen Ordnern und Papieren seiner Firma. Immerhin dekoriert mit einer Seidenblume als Staubfänger. Also Romantik sah irgendwie anders aus, dementsprechend sachlich fielen auch meist ihre gemeinsamen Gespräche aus. Robert verfiel der alten, aber immer noch funktionierenden und bewährten Technik von früher und begann damit, wieder Liebesbriefe zu schreiben. Er fand das persönlicher als eine Mail oder einen Anruf. Auch Kristin gefiel das, nahm sich die Zeit und schrieb ebenfalls immer zurück, auch wenn dazwischen schon noch ein paar Anrufe getätigt wurden. Das Warten auf die Briefe verursachte so ein bestimmtes Kribbeln im Bauch und eine Art von Aufgeregtheit wie *Kinderüberraschung*. Doch der Alltag holte die beiden gnadenlos ein, die Abstände der Briefe wurden länger und sie telefonierten immer seltener. Doch Roberts Sehnsucht hatte eisern Bestand.

Kristin schien endlich mitbekommen zu haben, welch hartnäckigen Fisch sie an der Angel hatte und buchte eine Woche Urlaub in Südafrika bei Robert. Nein, nicht in Kapstadt, sondern sie wollte unbedingt wissen, wo und vor allem wie Robert lebte. Denn inzwischen wusste sie natürlich längst, dass Robert Chef eines eigenen Unternehmens war, welches zwar gut lief, aber auch nur wenn der Chef im Hause war. Wie hatte er ihr einmal erzählt? In Afrika mit Personal zu arbeiten ist wie mit einem großen Orchester. Rumsitzen können sie alle, aber das Konzert wird immer nur so gut sein, wie der Dirigent letztendlich seine Musiker führt. Nun dirigierte Robert zwar keine Bigband, aber immerhin ein kleines, aber feines Ensemble, wie er es nannte und immerhin aus einer Handvoll Angestellten bestand. Robert war stolz auf seine kleine Firma, auch wenn sie ihm nicht allzu viel Freizeit bescherte. Im Gegensatz zu Kristin, die immerhin auf 30 Tage Urlaub im Jahr Anspruch hatte, während er an sieben Tagen die Woche rund um die Uhr beschäftigt war. Trotzdem kannte er keinen Stress, denn er lebte seine ganze Leidenschaft für die Arbeit, die ihn meist nach draußen in die Weite der afrikanischen Savanne führte.

Diese Art zu leben erfüllte ihn voll und ganz und machte aus ihm wohl einen der ausgeglichensten Menschen, den Kristin seit langem kennenlernte. Seiner magischen Anziehungskraft konnte sie sich nicht erwehren und nahm dafür gerne zehn Stunden Flugzeit in Kauf. Ohne die Anreise nach Frankfurt eingerechnet. Und jetzt saß sie im Flugzeug, unterwegs nach Afrika. Nur noch ein paar Stunden!

Du hast mir so gefehlt

Die gläserne Tür am International Airport öffnete sich, und mit einem riesigen Koffer im Schlepptau tauchte eine auffallend blonde junge Frau auf. Kein Wunder, war sie doch die einzig europäisch aussehende Person zwischen etwa fünfzig Mitreisenden, die von der Tür am Zoll fast gleichzeitig ausgespuckt wurden. Kristin schaute sich suchend um, nicht leicht für so eine kleine zierliche Person zwischen ein paar kräftigen Buren[8], denen man *den Farmer* schon von weitem ansehen konnte. Doch sie musste gar nicht lange suchen, denn Robert hatte sie schon längst entdeckt. Er stand schon seit über einer Stunde erwartungsvoll am Flughafen. In der Hoffnung, die Maschine könnte eventuell Rückenwind gehabt haben und früher landen als auf dem riesigen Display des *airline time-tables* angegeben. War es eine Eingebung oder Intuition? Der Flieger landete tatsächlich ein paar Minuten früher als geplant. Auf Grund der Entfernung von rund 1000 Kilometern war Robert schon am Vortag

---

[8] Weißafrikaner, meist niederländischer Abstammung

84

angereist und übernachtete vernünftigerweise in der nahegelegenen Airport-Travel-Lodge. Schließlich hatte er auf der Rückfahrt eine überaus wertvolle Fracht mit in seinem Fahrzeug. Mit offenen Armen empfing er seine quirlige Blonde aus dem hohen Norden, die ihn katzenhaft mit ebenfalls ausgestreckten Armen ansprang. Für Außenstehende musste das wohl ganz so ausgesehen haben, als ob die beiden zu einem Rock 'n Roll ansetzten. Lediglich die passende Musik fehlte und wurde durch quäkende Lautsprecherdurchsagen in mehreren Sprachen ersetzt. Darunter auch in Deutsch:

„Bitte lassen sie ihr Gepäck nicht unbeaufsichtigt stehen und …"!

Die beiden Verliebten hatten sich wiedergefunden und sie küssten sich nach langer Zeit der Enthaltsamkeit zwar innig, aber außergewöhnlich kurz, denn Robert brach unverhofft ab.

„Was ist los, hast du verlernt, wie man eine Frau küsst oder ist es dir hier am Flughafen etwa peinlich, weil dich eventuell jemand sehen könnte der dich kennt?"

Während sie noch vergeblich nach einem weiteren Grund suchte, schubste sie

Robert mit beiden Armen demonstrativ von sich weg. Doch der lachte nur!

„Natürlich weiß ich noch genau wie das geht, aber du hast aus lauter Eile deinen Koffer dahinten stehen lassen und der kann hier in Afrika verdammt schnell Beine bekommen, wenn man nicht richtig aufpasst!"

„Dann muss ich wohl nachts ein Hemd von dir anziehen! Ich hoffe, es ist lang genug!", rief sie Robert flachsend zu, der sich mit einem Hechtsprung plötzlich blitzartig in Richtung des alleine gelassenen Gepäckstückes bewegte, nach dem sich im selben Moment schon eine andere Hand danach ausstreckte.

Doch Robert war schneller und schnappte sich das silberne Aluminiumteil mit den vielen Reiseaufklebern, stellte es sich demonstrativ zwischen seine Beine und zog Kristin zu sich heran, die sichtlich perplex war.

„Du mein Held, das war ja eben filmreif!"

„Willkommen in Afrika! Weißt du eigentlich, wie sehr du mir gefehlt hast? Und das mit dem Nachthemd, das *regeln* wir noch! Wir haben im Moment in der Nacht noch angenehme 19 Grad und zur Not geht es sicherlich auch einmal ohne!"

Die beiden ließen das hektische Treiben in der Halle vom Cape Town International Airport hinter sich, und Kristin folgte ihm hinaus auf den Parkplatz. Ohne seine Hand loszulassen. Dort wuchtete er ihren schweren Koffer in seinen komfortablen VW Bus und sie fuhren zuerst noch einmal rüber zur Airport-Travel-Lodge, wo ein ausgiebig gedeckter Frühstückstisch auf die beiden wartete. Natürlich hatte das Robert schon im Voraus veranlasst, sogar eine einsame Rose stand mit ziemlich hängendem Kopf *dekorativ* in der Vase. Aber immerhin! Natürlich durfte auch zu diesem außergewöhnlichen Anlass etwas Alkohol nicht fehlen und als die beiden Verliebten sich setzten, stand schon wie auf Kommando der vorbestellte Kellner mit zwei Gläschen Swartland[9] Cuvée Brut bereit, der von ausgezeichneter südafrikanischer Qualität war. Mehr als ein kleines Gläschen hätte Robert sowieso nicht getrunken, aber in Verbindung mit dem landestypischen kräftigen Frühstück ging das schon. Rührei, Boerewurst, Speck, gegrillte Tomate und Bohnen – alles was ein Männerherz begehrt. Kristin rollte theatralisch mit ihren

---

[9] Swartland: Region um Malmesbury

blauen Augen beim Anblick der riesigen Portion, die sich Robert eben auftischte und sagte nur lachend:

„Ja, ja - ihr Männer!"

Beinahe demonstrativ legte sie sich ein kläglich dünnes Rädchen Gelbwurst auf eine ziemlich mickrige Scheibe Pumpernickel, die übrigens mehr Ähnlichkeit mit einem Stück Karton hatte als mit Brot, und mit einer noch dünner geschnittenen Scheibe Gurke kreierte sie so ein kulinarisches *Kunstwerk*.

„Jetzt ist mir schon klar, warum du fast nichts auf den Rippen hast!", stellte Robert schelmenhaft fest und ließ seine Augen demonstrativ einmal von oben bis ganz nach unten und wieder zurück über Kristins mädchenhafte Figur gleiten.

„Sag nur, ich gefalle dir nicht! Ich glaube du hast noch nicht ganz ausgeschlafen, sonst hättest du bestimmt bemerkt, dass an mir wirklich alles dran ist, was ein Männerherz begehrt!"

„Nur eben von allem etwas weniger!" hängte sie grinsend noch an, mit einem Blick auf eine eben vorbeigehende *Big Fat Mama*.

Da war sie wieder, die Kristin, welche er in Kapstadt kennengelernt hatte. Mit einer gewissen Bissigkeit in der Wortwahl, die jedoch durch ihre ausgeprägte Mimik stets wieder entschärft wurde. Dieser Frau hätte man nie böse sein können, egal was sie auch gesagt hätte. Stundenlang wären die beiden Verliebten noch gerne erzählend am reich gedeckten Frühstückstisch sitzengeblieben. Es lag aber noch ein langer, langer Weg vor ihnen und so machten sie sich langsam startklar, der nicht erwähnenswert verbliebene Restalkohol hatte nun immerhin eine Tagesreise lang Zeit um zu *verdunsten*. Denn solange sollte in etwa die Rückfahrt dauern, immer nach Norden über die National Road 7 bis nach Springbok, die dann auf die N 14 nach Upington abzweigte. Vorausgesetzt sie legten unterwegs keine zu langen Pausen ein.

Kristin war sichtlich beeindruckt. Mit jedem Kilometer mehr wuchs ihre Begeisterung für die ungewohnte, unendliche Weite. Schon nach einer Stunde wurde die fruchtbare Landschaft sehr übersichtlich und Ackerbau mit weit auseinanderliegenden Farmen prägten das Bild.

„Alles topfeben, schau mal einer an, das ist hier ja alles so flach wie bei uns in Schleswig-Holstein!", stellte sie staunend fest.

„Bei uns siehst du auch schon zwei Tage im Voraus, wenn Besuch kommt!"

„Du wirst dich wundern, wie mein Bulli[10] noch schwer kriegt! Noch `ne halbe Stunde und wir kommen in die Cedarberge!"

„Wie dein Bulli was bekommt?"

„Ich meine damit, dass mein Auto alle seine Pferdestärken braucht um an der Steigung nicht zu verhungern."

„Ach so, dann rede doch gleich richtiges deutsch mit mir. Ich habe schon gemerkt mein Lieber, dass du dich hier schon ziemlich gut eingelebt hast. Wie wäre es denn einmal mit einem Kurs in deutscher Sprache? Aber wie komme ich nur darauf. Wo sind jetzt die versprochenen Berge und was machen wir dann, gehen wir dort zum Skilaufen? Nee mein lieber Herr Rahrichter, alles glaube ich dir nun auch wieder nicht, so platt wie hier alles ist!"

Kristin versuchte zu scherzen, was ihr aber in Anbetracht der langen Reise nicht so recht gelang. Vielleicht war sie doch müde und die viele Eindrücke machten ihr zu schaffen.

---

[10] Bulli: Der gute alte VW Bus

„Ob du es glaubst oder nicht, im Winter gibt es dort oben sogar richtigen Schnee!"

Kristin schüttelte ungläubig ihren Kopf. Bei diesen Temperaturen und all dem, was sie bisher von Südafrika kennenlernte, konnte sie sich das nun überhaupt nicht vorstellen. Tatsächlich fuhren sie inzwischen langsam und kaum spürbar stetig bergauf. Lediglich Tachometer und Drehzahlmesser auf dem Armaturenbrett deuteten unmissverständlich darauf hin, dass Robert schon in einen kleineren Gang zurückschalten musste. Der war ganz in seinem Element und Kristin konnte so langsam seine Leidenschaft für dieses unglaubliche Land nachvollziehen. Obwohl sie während ihres nächtlichen Fluges nicht sonderlich gut geschlafen hatte war sie noch kein bisschen müde. Zumindest wollte sie sich das nicht anmerken lassen. Alles war so neu, sah so anders aus und Robert fuhr mit einer stoischen Ruhe Stunde um Stunde in Richtung Norden. Schnee bekam Kristin natürlich keinen zu sehen, dazu war nicht die richtige Jahreszeit. In Clanwilliam, im äußerst fruchtbaren und überaus malerischen Citrusdal, machte Robert einen ersten Halt. Nicht nur, dass seine Blase inzwischen furchtbar drückte, es war auch höchste Zeit für ein bisschen Bewegung, um die eingeschlafenen *Gebeine* wieder zu aktivieren. Sich strecken, ein paar Meter laufen und die Lunge mit frischer Luft vollzupumpen. Schon einmal hatte sich Robert auf so einer langen Fahrt eine Thrombose zugezogen und so war für ihn alle paar Stunden ein kleines Bewegungsprogramm Pflicht. Außerdem sprach auch nichts gegen eine Tasse Kaffee mit frischgebackenem Apfelkuchen, der in einem kleinen, aber fein sortierten Farm Shop angeboten wurde.

„Hi Rob – du wieda zurück? Koom du jeden Tage und haben hübsche Gaste mitbringen!"

So wurde Robert von einer tiefschwarzen, älteren Verkäuferin in gebrochenem Deutsch begrüßt, die eben dabei war, eine Kiste mit frisch gepflückten Zitronen auf ihrer Ladentheke zurechtzurücken. Sie strahlte dabei über das ganze Gesicht und ihre leuchtend weiße Augen verrieten ehrliche Freude.

„Ne, ne - das war nur eine Ausnahme. Aber sicherlich bald wieder, wenn ich das nächste Mal nach Kapstadt fahre und meine hübsche Gaste wieder mit Flugzeug schicken nach Hause!"

„Wenn hübsche Gaste nicht bleiben für immer!" äffte ihn Kristin mit einem

Augenaufschlag nach und bestellte sich sofort ein Stück von dem wunderbar duftenden Apfelkuchen.

„Ja, das wäre wunderbar und ich könnte mir die ganze Anstrengung, dir meine Heimat näher zu bringen, ersparen!", kam es trocken über Roberts Lippen.

„Abwarten und erstmal Kuchen essen."

Zeigte sich für ihn hier etwa ein Hoffnungsschimmer am Horizont? Ofenwarm landete ein riesiges Stück Kuchen auf einem von Hand gefertigten Keramikteller, der am Rande mit hübschen Ornamenten in den südafrikanischen Landesfarben verziert war.

Trotz immenser Entfernung trafen sich wirklich immer wieder die selben Menschen am gleichen Platz. Man kannte sich untereinander, auch Robert war nicht das erste Mal hier.

„Du bist hier ja wohl bekannt wie ein bunter Hund!", stichelte Kristin, zog dabei die Augenbrauen hoch und biss erwartungsvoll in den besagten Apfelkuchen, der über und über mit leckeren Streuseln bedeckt war.

Noch bevor Robert antworten konnte, stellte sie noch mit vollem Munde fest:

„Ist der aber lecker! Davon müssen wir unbedingt etwas mitnehmen!"

Nach einer guten viertel Stunde drängte Robert jedoch wieder zum Aufbruch.

„Du hast es aber eilig, meno – ich muss nur nochmal aufs Klo!"

„Das habe ich befürchtet!", nickte Robert und winkte lächelnd ab.

„Das ist nichts Neues mit euch Frauen, aber *lass laufen*, wir haben noch nicht einmal die Hälfte unserer Wegstrecke geschafft."

Die Fahrt zog sich nun für Kristin ganz schön in die Länge. Immerhin war sie inzwischen schon über 24 Stunden auf den Beinen. Aber auf der Fahrt nach Hause in Roberts Wahlheimat wollte sie partout nichts versäumen. So sehr sie sich auch bemühte wach zu bleiben, letztendlich siegte die Schwerkraft über ihre Augenlider und sie fielen lautlos zu. Innerhalb von Minuten schlief sie tief und fest und ihr Kopf machte federnd jede noch so weiche Bodenwelle der Straße mit. Robert stoppte den Bus für einen Moment, ließ den Motor aber weiterlaufen und schaute Kristin an. Wie hübsch sie doch war, nie im Leben wäre er darauf gekommen, dass diese Frau so alt wie er selbst war. Ja ok, nicht ganz, sie war drei Tage jünger. Er stellte ihren Sitz so weit nach hinten wie es nur ging, schob ihr liebevoll das kleine Kopfkissen, welches er immer im Auto mit dabeihatte, in den Nacken und straffte den Sicherheitsgurt noch etwas. Für einen Moment schien Kristin aufzuwachen, um ihre Mundwinkel herum zeigte sich ein zaghaftes Lächeln. Aber schon im nächsten Moment *verdrehte* sie ihre Augen und schlief wieder tief und fest. Robert setzte die Fahrt fort und ohne eine weitere Pause zog er hochkonzentriert fünf volle Stunden durch bis kurz vor Upington. Kristin kehrte wieder langsam *unter die Lebenden* zurück. Mit den letzten Sonnenstrahlen präsentierte sich ihr die farbenfrohe Kleinstadt am Rande der großen Karoo. Sie fuhren durch die lange Allee, die kerzengerade auf Upington zuführte. Sie war gesäumt von uralten Palmen, dazwischen der begrünte Mittelstreifen mit Blumenampeln an den Laternen.

„Ist das aber schön hier,", entfuhr es ihr, noch halb im Schlaf versunken.

„Wo sind wir?"

„Wir fahren eben auf Upington zu!"

„Sind wir schon da!", fragte sie verwundert.

"Das ging ja schnell!"

Robert lachte.

„Ja – schau mal auf die Uhr! Übrigens geht gleich die Sonne unter! Aber es sind nur noch ein paar Minuten, dann haben wir es geschafft. Ich wohne ein paar Kilometer außerhalb auf einem kleinen Plott, wie man bei uns eine Kleinsiedlung bezeichnet. Direkt am Spitskop Naturreservat, allerdings müssen wir dort hin einmal quer durch die ganze Stadt.

„Hier ist aber ganz schön was los", stellte Kristin fest, „ich habe mir eine Stadt hier ganz anders vorgestellt. Hattest du mir nicht sowas wie Savanne und Buschland erzählt? Das hier sieht ja alles ganz modern aus!"

„Hast du etwa gedacht, hier leben die Menschen noch auf Bäumen? Aber warte nur ab, bis wir aus dem Stadtkern rauskommen. Dort wirst du wieder eine völlig andere Seite kennenlernen!"

Tatsächlich wirkten einzelne Gebäude sehr modern. Das Hotel, ein „Spur" Steakhouse[11], der riesige „Spar" Supermarket, die Kirche und dazwischen einige ältere Gebäude,

---

[11] Spur Steak Ranches = beliebte Restaurantkette

deren koloniale Herkunft nicht zu übersehen war.

„Ein „Spar" Markt, hier in Südafrika? Gab es die vor langer Zeit nicht auch mal bei uns in Deutschland?", wunderte sich Kristin.

„Ja genau, aber die gibt es immer noch bei euch. Wurde wohl von Edeka übernommen. Hier aber haben die ihren Namen behalten.", erklärte Robert, während er seinen Bulli durch den abendlichen Verkehr der Innenstadt lenkte.

Sogar ein kleines Museum konnte Kristin entdecken, davor ein aus Metall gegossener Esel, der scheinbar im Kreise lief. Sie war inzwischen hellwach und konnte nicht genug bekommen von diesen neuen Eindrücken. Robert bekam Herzklopfen, denn schließlich dauerte es nicht mehr lange und er durfte seine Kristin bei sich zu Hause endlich in die Arme schließen ohne auf die Uhr zu sehen. Dann hatte er sie eine ganze Woche lang für sich alleine. Wie lange musste er sich auf diesen Tag verzehren.

Ein wunderschönes Gästezimmer hatte Robert für seinen Lieblingsgast herrichten lassen. Typische Werke einheimischer Künstler zauberten echtes Afrika Feeling. Auch sonst war alles irgendwie völlig anders, als Kristin es erwartet hatte. Vielleicht luxuriöser? Sie konnte es nicht sagen. Roberts Wohnung war schlicht, einfach und zweckmäßig eingerichtet. Den einzigen Luxusartikel, den sie bewusst wahrnahm, war ein Fernsehapparat und eine altmodische Stereoanlage. Aber irgendwie hatte er es gemütlich. Der Tisch stammte von einem ortsansässigen Schreiner und war aus zweifarbigem Dolf Holz handgefertigt. Er passte gut zu dem Regal, welches aus Cape Pine gefertigt und honigfarben lasiert war. Die Couch dagegen hatte Robert selbst geschweißt, besser gesagt das Gestell und auch die Gardinenstangen waren Handarbeit. Er schien eine geschickte Hand dafür zu haben. Die Küche dagegen hatte bis auf eine Ausnahme europäischen Standard.

„Eine Spülmaschine hast du wohl nicht?" glaubte Kristin zu erkennen und zog die Augenbrauen hoch, denn sie war keine Freundin von überflüssigen Küchenaktivitäten.

„Doch, aber die kommt erst morgen Vormittag wieder. Um 8:00 Uhr, wenn sie pünktlich ist!" grinste Robert und glaubte, einen Stein von Kristins Herzen plumpsen zu hören.

„Aha, ein Hausmädchen hat er also auch!",

stelle sie insgeheim erfreut fest und war schon gespannt, mit welchen Überraschungen Robert sonst noch aufwarten wird.

Sie fühlte sich sofort wohl in diesem kleinen Häuschen. Obwohl es mit 100 Quadratmetern viel größer war ihre kleine Wohnung in Lübeck, für afrikanische Verhältnisse war es wirklich winzig, wenn sie an all die prachtvollen Villen dachte, die ihr vorher in einem *besseren* Stadtviertel besonders auffielen. Ganze *Paläste* schienen die gut verdienenden Südafrikaner dort gebaut zu haben! Gesichert mit hohen Mauern und ganz viel Stacheldraht. Das gab Kristin etwas zu denken, denn, sie hatte mit Ausnahme der Alarmanlage, keine weiteren Sicherungsmaßnahmen bei Robert entdeckt.

„Hast du keine Angst vor Einbrechern?"

„Ach weißt du, bei mir gibt es nicht viel greifbare Wertsachen holen. Das Verhältnis zu meinen einheimischen Mitarbeitern ist gut und so was spricht sich rum. Klar ist bei mir auch schon das eine oder andere Mal ein Stück Wäsche von der Leine verschwunden oder ein Werkzeug hatte Beine bekommen. Aber nichts, was wichtig genug wäre, um mich hier wie ein Karnickel einzusperren. Diejenigen, die solch kleine Dinge klauen sind eh schon arme Schweine, die sonst nichts besitzen."

Robert war nicht nur sehr sozial eingestellt, er war einfach - ein guter Mensch. Das gefiel Kristin, und sie fühlte sich wohl genau deshalb bei ihm so gut aufgehoben.

Obwohl es ein langer und sehr anstrengender Tag war, zauberte der Hausherr auf die Schnelle noch ein kleines, feines Menü auf den Tisch und mit einem *„plopp"* öffnete er eine Flasche Shiraz. Ein kräftiger Duft von Frucht strömte Kristin aus dem bauchigen Glas entgegen und der tiefrot schimmernde Wein ließ ein kräftiges Volumen vermuten.

„14,5 % purer Genuss! Ich hoffe er mundet dir, das heißt, ich bin mir da ganz sicher!" sagte Robert überzeugt.

Er hatte die Tage am Kap noch genau in Erinnerung und kannte sein blondes *Leckermäulchen*, welches den ziemlich gleichen Geschmack hatte, wie er selbst. Der Wein passte ausgezeichnet zu dem delikaten Springbock Filet, welches er in Windeseile in der Pfanne auf seinem Gasherd scharf angebraten hatte. An Röstaromen fehlte es also nicht! Ganz nebenbei zauberte Robert noch einen knackigen

Eisbergsalat, garniert mit ordentlich Zwiebel und einer überreifen Tomate. Nach dem die beiden gegessen hatten war inzwischen auch Robert deutlich anzusehen, dass er für diesen Tag, schlicht gesagt, am Ende war. Nach einer ausgiebigen Dusche begab sich Kristin in ihr Zimmer und zu guter Letzt zog sich Robert ebenfalls in sein Schlafgemach zurück.

„Gute Nahacht meine Liebe" verabschiedete sich Robert von Kristin, als er mit schweren Beinen an ihrer Schlafzimmertür vorbeischlappte.

Er fiel förmlich in sein Bett und war nicht einmal mehr in der Lage sich in eine bequeme Position zu bringen, schon gingen bei ihm *sämtliche Lichter* aus, obwohl die Nachttischlampe noch ihr spärliches Licht verbreitete. Er befand sich bereits auf der Zielgeraden ins Land der Träume. Hatte es da nicht eben noch an seine Tür geklopft? Die öffnete sich wie von selbst und hindurch schwebte ein gar himmlisches Wesen, mit blonden Haaren in einem ultrakurzen Gewande welches deutlich den Schluss zuließ, dass es sich um einen weiblichen Engel handeln musste. Wie Robert mit halboffenen Augen im fahlen Schein der Funzel neben seinem Bett gerade noch so erkennen konnte.

„Wie lange willst du eigentlich noch alleine schlafen?", fragte Kristin, zog sich ihr Engelsgewand über den Kopf und schlüpfte blitzschnell zu Robert unter die Decke, noch bevor dieser realisierte was geschah.

War er jetzt noch wach, oder träumte er schon? Egal, willenlos begab er sich in die Hände dieses himmlischen Boten. Die Energiesparlampe auf dem Nachttisch erlosch und der Mond übernahm die Beleuchtung von außen durch das weit geöffnete Fenster. Völlig erschöpft und eng aneinander geschmiegt schliefen beide in Löffelchen Stellung auf der Stelle ein. Den Wecker hatte er zuvor schon vorsorglich weit weg unters Bett gestellt, nachdem er ihn noch zusätzlich entschärft hatte.

Kristin war zuerst wach, denn die Sonne blinzelte direkt in ihr Gesicht. Sie schaute sich diesen Mann an, der noch tief und fest schlief, wie sein gleichmäßiger Atem verriet. Er lag auf dem Rücken, sein Gesicht von Kristin abgewandt zur Wand hin. Einen Arm hatte er unter dem Kopf vergraben, der andere lag auf seiner dicht behaarten Brust. In der Hand hielt er den Zipfel seiner Bettdecke fest, ganz so, als ob er damit sagen wollte:

„Nein, nein, meine Decke bekommst du nicht!"

Allerdings konnte er nicht bemerken, dass er diese im Schlaf ziemlich weit hochgezogen hatte und für Kristin eine völlig normale, morgendliche Erektion zu einer Art Naturschauspiel machte. Rotzfrech präsentierte er ungewollt seinen prallen Penis in voller Größe.

„Schon irgendwie seltsam!", ging es Kristin durch den Kopf", dass Männer so etwas Schönes einfach verschlafen!"

Sie konnte nicht anders und vergrub ihre Hände im Schoss, sie verspürte eine unbändige Lust auf mehr. Jetzt lag ein pudelnackter Mensch, der ihr außerordentlich gut gefiel und dazu noch im besten Mannesalter war, direkt neben ihr im Bett und was machten sie letzte Nacht? Nichts. Doch - schlafen! Im wahrsten Sinne des Wortes hatten sie miteinander geschlafen. Oder besser gesagt verschlafen?

Robert musste wohl ihre Blicke spüren, denn auch er öffnete, noch ziemlich schlaftrunken, blinzelnd ein Auge nach dem anderen.

„Was ist denn los, träume ich noch oder …?", ging es Robert durch den Kopf, doch der blonde *Kopfkissenzerwühler* neben ihm war echt. Ihr blondes Haar hing ungezähmt über ihr

Gesicht und dann diese Augen! Da war es wieder, dieses fröhliche Funkeln, welches er die letzten Monate so sehr vermisst hatte und welches bei ihrer digitalen Unterhaltung per Skype über den Bildschirm seines Computers überhaupt nicht so bei ihm ankam. Plötzlich realisierte er seine Blöße im Hüftbereich und zog, anständig wie er war, sich schamhaft die Decke über seine Hüfte.

„Nein, nein – alles gut. Sogar sehr gut! Einen wunderschönen guten Morgen", lächelte sie ihn an, „ich hoffe, dich heute Nacht nicht gestört zu haben."

Sie blickte dabei provokativ auf die eben von Robert wiederbedeckte Stelle seines Körpers, wobei ihre Mundwinkel zuckten und ihren offensichtlich amüsierten Gesichtsausdruck noch verstärkten. Schon hatte sie ihre linke Hand unter seine Bettdecke geschoben, und ihre Finger suchten vorsichtig Kontakt zu seinem außerordentlich standhaften kleinen Freund.

„Also, wenn man nicht alles selbst in die Hand nimmt . . .!"

„Du - ich sollte jetzt aber aufstehen und Frühstück machen. Weißt du, ich habe einen

Hausgast -", antwortete Robert noch im Halb-schlaf.

„Und Gäste wollen pünktlich gefüttert werden, damit sie ihre gute Laune behalten!"

Tatsächlich war er inzwischen hellwach und hoffte insgeheim, nicht nur dieser Moment würde für immer genau so stehen bleiben.

„Du Depp!", fasste sich Kristin kurz und grinste ihn lasziv und herausfordernd von der Seite her an.

„Natürlich frühstücken wir zuerst, aber wehe dir, du tust danach nicht ENDLICH das, was du doch heimlich schon lange wolltest!"

Holla die Waldfee, Robert hatte verstan-den, er war ja nicht *völlig von gestern* und ging auf Gegenangriff.

„Ich frag mal meinen Gast, ob er schon Hunger hat!"

„Ja, dein Gast hat Appetit!", so Kristin, „und was für welchen! Aber, bist du nicht der Mei-nung, wir können schon vorher – uns an die Vorspeise machen?"

Jetzt ging auf einmal alles hopplahopp, aber wie, und ihr konnte es gar nicht schnell ge-nug gehen. Die heimliche Sehnsucht, die beide über Wochen quälte, verwandelte sich in unsagbare Begierde. Kristin war *heiß*, sehr *heiß* sogar! Immerhin lief ihr Kopfkino schon seit ein paar Minuten auf Hochtouren, was auch kein Wunder war bei dem *herrlichen* Anblick, als sie vorher ihre Augen öffnete und Robert noch friedlich wie ein Baby schlief.

Robert wollte gerade etwas sagen, aber sie verschloss mit ihrem Zeigefinger seine Lippen, während sie die Führung übernahm und sich im Schein der Morgensonne ganz vorsichtig rittlings auf ihn setzte. Ihre Fingernägel krallten sich sanft in seinem Brusthaar fest. Seine standhafte „Herrlichkeit" mit ihrer Vulva fest umschlossen begann sie mit weichen und langsamen Bewegungen ihn rhythmisch zu reiten. Erst im langsamen Trab, dann immer schneller bis sich die beiden letztendlich keuchend und schwer atmend im Galopp verloren.

Pünktlich um 12:00 Uhr wurde gefrühstückt.

Heiße Nächte unterm Sternenhimmel

Kristin verbrachte ein paar wunderschöne Tage mit Robert. Natürlich hatte er eine kleine Tour in die Wüste geplant, denn schließlich wollte er ihr wenigstens ein kleines Stück wahres Afrika näherbringen. Es bedarf keiner Erklärung, dass sie hellauf begeistert war – bis zu dem Zeitpunkt, als sie das alte verbeulte Fahrzeug sah, mit welchem es auf die Reise gehen sollte. Tatsächlich hatte Roberts Pick-up schon bessere Zeiten gesehen, aber die langen Fahrten durch den afrikanischen Dornbusch hinterließen nun mal deutliche Spuren auf dem Lack eines Fahrzeugs.

„Keine Bange, dieser alte Donkey[12] hat mich noch immer nach Hause gebracht!", lachte Robert, der sehr wohl wusste was ihr zweifelnder Blick auf sein zuverlässigstes Fahrzeug in seinem Fuhrpark zu bedeuten hatte.

„Na ja, du musst es ja wissen. Aber vergiss nicht mein Lieber, du hast wertvolle Fracht mit an Bord. Bist du wenigsten beim ADAC?"

---

[12] Umgangssprachlich für (Last)Esel - Transporter

Jetzt musste Robert schallend lachen.

„So etwas gibt es hier nicht, hier ist es der Fahrer selbst, der sich helfen muss. Was meinst du, warum kutschieren wir alle hier *Touris* durch die Gegend? Die brauchen wir zum Schieben!"

Das hätte er Kristin besser nicht geantwortet, denn so wie jemand in den Wald hineinruft, so tönt es wieder zurück!

„Prima, ich bin leichter als du, habe einen Führerschein und kann Auto fahren. Und du bist der größere und kräftigere von uns beiden. Juhuu – es kann losgehen."

Beim Beladen seines Pick-ups, auf dessen Dach ein Zelt montiert war, ging sie ihm tatkräftig mit zur Hand, so als hätte sie das schon öfters gemacht. Sie schleppte die schweren Reservekanister, die mit Benzin gefüllt waren, sie drückte mal hier und verzurrte mal da und hatte einen riesen Spaß bei der Sache. Als Robert die Gelenke des Autodachzeltes überprüfte, stutzte sie allerdings ein zweites Mal.

„Darin schlafen wir - und was ist mit den wilden Tieren?", fragte sie mit einem skeptischen Blick auf das zuvor unter einer Staubhülle verborgene Zelt und fügte hüstelnd noch ergänzend hinzu:

„Löwen, Tiger, Leoparden, Elefanten und wer weiß, was noch alles!"

Kristin hustete überzogen, obwohl es halb so schlimm war. Man konnte dem Zelt allerdings ansehen, dass es schon oft in Gebrauch war, denn es staubte ziemlich, als Robert es lachend öffnete.

„Also, Tiger gibt es schon mal keine in ganz Afrika! Vielleicht noch in einem Zirkus - keine Ahnung. Und die anderen Tiere haben in der Regel mehr Angst vor den Menschen, als umgekehrt. Du findest die auch eher in Nationalparks, aber wir fahren überwiegend nur über kommerziell genutztes Farmland. Du brauchst also keine Angst zu haben und außerdem bin ich doch auch mit dabei. Aber wenn es dich beruhigt, ich habe zur Sicherheit immer meine Waffe mit dabei. Man kann ja nie wissen! Schau hier, direkt neben dem Fahrersitz."

Er schob einen ölverschmierten Putzlappen beiseite, unter dem ein mächtiger Revolver zum Vorschein kam, eine .358 Magnum. Das schwarze Ding war wahrlich kein Spielzeug, das konnte sie auf den ersten Blick erkennen, obwohl sie in ihrem bisherigen Leben noch nie mit so einem Teil in Berührung kam.

„Es ist schon wichtig, dass du weißt, wo der liegt, aber ich bin mir sicher, wir werden *die Wumme* nicht brauchen!", versuchte Robert sie zu beruhigen.

Naja, ganz so geheuer erschien das Kristin nicht, schraubte aber ihre Erwartung, was auf dieser Safari alles auf sie zukommen könnte, noch weiter in die Höhe. Eine langweilige Kaffeefahrt, bei der das einzig aufregende, was passieren könnte, der Test von Angora Bettwäsche mit passender Heizdecke und einer Kaufempfehlung ist, dass konnte sie schließlich auch zu Hause unternehmen.

„Fertig zur Abfahrt?", fragte Robert in froher Erwartung, gleich loszufahren.

„Klar doch, aber ich muss noch mal schnell aufs Töpfchen für kleine Mädchen!"

Wie so oft, wenn Kristin aufgeregt war überkam sie das Gefühl, noch mal schnell ein paar Tropfen entsorgen zu müssen.

„Na ja, so ist das anscheinend mit den Mädels!", ging es Robert durch den Kopf.

Schon so oft hatte er sich heimlich über diese Beobachtung lustig gemacht, es war immer das Gleiche, bevor er mit seinen *Touris* losfuhr. Erleichtert, im wahrsten Sinne des

Wortes, kam Kristin zurück.

„Fertig mit Pipi!", strahlte sie wie ein kleines unschuldiges Mädchen und das Abenteuer konnte beginnen.

Robert saß schon am Steuer seines Fahrzeugs und Kristin hatte noch nicht einmal den Sicherheitsgurt angelegt, da hebelte er schon den ersten Gang rein. Wie ein ungeduldiges Pony ruckelte der alte Pick-up los. Schon nach wenigen Minuten waren keine Häuser mehr zu sehen. Eine wehende Staubfahne hinter dem Fahrzeug herziehend durchquerten sie Kilometer um Kilometer einen Landstrich, der so völlig anders aussah. Die Gegend wirkte kahl, ja - man konnte fast sagen leer. Mehr als Steine und vereinzelte Köcherbäume[13], die bis an die acht oder neun Meter hochwuchsen, gab es wirklich nicht viel zu entdecken. Bis auf ein paar ausgedünnte Grasnaben. Das dunkle, beinahe schwarze Dolerit Gestein verbreitete eine ganz besondere Stimmung. Kristin war *hin und weg*, nie im Leben hätte sie gedacht, dass eine *öde* Steinwüste sie so faszinieren könnte! Schon änderte sich das Landschaftsbild wieder und es

---

[13] Pflanzenart zur Gattung der Aloen gehörend

ging bergauf, sie verwandelte sich auf einmal in eine dicht bewachsene Dornbuschsavanne, in der vereinzelte Schirmakazien vor Kristins Augen das typische Afrika-Bild abgaben. Von Zeit zu Zeit huschten ein paar Springböcke zur Seite, aufgeschreckt vom Scheppern der fahrenden Geländeschaukel auf Rädern. Roberts Ziel war es, bis zur Grenze nach Botswana zu fahren. Wiederum wechselte das Bild des vor ihnen liegenden Geländes, stellenweise überdeckte nun hochstehendes Gras die ausgefahrene Fahrspur. Feinster, roter Sand breitete sich unter den mahlenden Rädern des hochbeinigen Allradfahrzeugs explosionsartig aus und kreierte hinter dem Fahrzeug eine dichte Staubwolke. Leichter Westwind führte dazu, dass diese Wolke sich beinahe schneller als der langsam vorankommende Pick-up nach vorne bewegte. Schnell schloss Kristin hustend ihr bisher offenstehendes Fenster. Trotzdem bedeckte nach einer Weile eine feine Staubschicht das gesamte Interieur des Fahrzeugs. Mit ihrem Zeigefinger malte sie ein Herz auf das Armaturenbrett. Ihre blauen Augen strahlten Robert von der Seite an, der dies mit einem glücklichen Schmunzeln zur Kenntnis nahm.

„Solch eine Liebeserklärung hatte ich bisher

auch noch nie!", kam es nur kurz aus seinem Munde.

Zu sehr musste er sich darauf konzentrieren, in der inzwischen tief ausgefahrenen Spur zu bleiben. Kristin begutachtete für einen Moment lang ihre tags zuvor frisch lackierten Fingernägel und stellte kurz und treffend fest:

„Mit denen kann ich dich vermutlich nicht mehr beeindrucken!", und hielt sie Robert vor die Nase.

„Ach, das ist doch gar nicht *so* schlimm", wobei er das *sooo* extra lang betonte.

„Solange ich sie noch spüren kann! Wenn ich an heute Morgen denke, dann …!"

Kristin wusste genau, was er damit meinte, denn die von ihr hinterlassenen Spuren auf seinem bisher narbenfreien Oberkörper würden sicherlich noch ein paar Tage zu sehen sein.

Sie kamen gut voran und nur noch 110 Kilometer trennten sie vom Kalahari Gemsbok National Park, dessen Besuch allerdings den zeitlichen Rahmen gesprengt hätte. Denn allzu lange konnte Robert seine Firma nicht alleine lassen. Zu gut wusste er, war der Chef einmal nicht da, dann tanzten die Puppen Rumba auf den Tischen. Obwohl er seinem Personal vertrauen konnte, er kannte sie genau. Wenn der Boss weg war, dann brauchte man nicht zu arbeiten. Für Kristin war diese Logik nicht ganz nachvollziehbar, denn auch sie war *nur* eine von mehreren Mitangestellten in einem großen Anwaltsbüro. Trotzdem hatte die Zuverlässigkeit der Mitarbeiter oberste Priorität in der Kanzlei.

„Was die Arbeitsmoral des Personals anbetrifft, das ist beinahe wie Ziegen hüten! Wenn der Hund nicht aufpasst, dann laufen die Böcke wo sie wollen.", so erklärte er Kristin, der, wie vielen anderen auswärtigen Touristen, manch südafrikanische Gebräuche und Sitten fremd vorkamen.

Eine unheimlich weite, für das Auge wohltuende Landschaft tat sich urplötzlich vor ihrem Fahrzeug auf. Links und rechts der ausgefahrenen Spur, die manchmal mehr oder weniger gut im hohen Gras auszumachen war, standen wieder riesige Köcherbäume. Sie sahen im Licht der inzwischen schon etwas tieferstehenden Sonne wie übergroße, raffiniert ausgeführte Scherenschnitte aus. Granitfelsen bildeten Gesteinsformationen, ganz so, als wären sie von einem Riesen aufgebaut worden.

Ihre rötliche Färbung wurde durch die wärmende Abendsonne noch verstärkt. Kristin legte ihre brandneue Digitalkamera, die sie sich extra für diese Reise noch schnell gekauft hatte, nicht mehr aus der Hand.

Klick/Klick/Klick – Klick, so machte es ohne Unterlass!

Robert kannte das und fand es prima, dass seine Gäste Fotos zur Erinnerung mit nach Hause nahmen. Schließlich brauchten sie ja etwas um Verwandte, Freunde und Bekannte mit teilhaben zu lassen, was man Schönes erlebt hat. Auch um zu beweisen: „Schaut her wo ich war!"

Kristin war jedoch sein ganz besonderer Gast. Sie sollte nämlich möglichst viele Erinnerungsfotos mit nach Hause nehmen, in der Hoffnung, die Sehnsucht nach Afrika könnte sie wecken. Es lag ihm ja so viel daran, diese Frau vielleicht doch für seine Heimat zu begeistern. Ach, das wäre ja nur zu schön. Dieser Wunschgedanke ließ ihn einfach nicht los und beschäftigte ihn Tag und Nacht.

Mitten im *Nirwana* hielt er unvermittelt am Fuße eines kleinen Hügels an.

„Hier werden wir übernachten! Gefällt dir dieser Platz?"

„Nee, das ist aber nicht dein Ernst, oder?", schaute Kristin ihn ungläubig an.

„Wir stehen hier ja auf einem Weg!"

„Um es genau zu sagen, wir stehen hier in der Mitte auf einer Hauptstraße!", sagte Robert und grinste dabei breit über sein ganzes Gesicht.

„Noch ungefähr 15 km sind es bis nach Witdraai. Das ist ein kleiner Ort, kurz vor der Grenze nach Botswana. Dort leben so wenige Menschen, da verirrt sich keiner bis nach hier draußen!"

Das schien Kristin äußerst gewöhnungsbedürftig zu sein, denn noch nie in ihrem bisherigen Leben hatte sie auf einer Straße übernachtet. Dazu noch in einem eingestaubten Zelt, welches auf einem Auto montiert war.

„Und was, wenn doch jemand kommt?", versuchte sie einzuwenden.

„Dann sagen wir freundlich „Hallo" und wünschen den Leuten einen guten Tag!"

Kristin sah sich im Geiste schon mit nacktem Hintern im lediglich halbhohen und verdorrten Gras sitzen, ihr „Geschäft" verrichtend und jemandem, der zufällig des Weges kam, ein freundliches „Hallo" zuzurufen. Nicht einmal ein Busch stand in der Nähe, den sie hätte als Sichtschutz gebrauchen können. Das war schon sehr ungewohnt, aber sie vertraute Robert voll und ganz. Dieser war eben damit beschäftigt verdorrtes Gras zu sammeln um ein kleines Feuer zu entfachen. Für den Notfall hatte er in weiser Voraussicht schon ausreichend Brennholz von zu Hause mitgenommen.

„Kann ich dir irgendwie zur Hand gehen?", fragte Kristin, denn sie wollte sich ebenfalls ein wenig nützlich machen.

„Aber klar doch", entgegnete Robert, „schnapp dir deine Kamera und wenn du da vorne den Hügel hinauf gehst, so ein paar hundert Meter nur, dann hast du eine grandiose Aussicht. Lass dir ruhig Zeit, wenn du dann wieder hier bist, werde ich mit unserem Essen ebenfalls soweit fertig sein."

„Ach Robert, du zeigst mir deine Welt, du bekochst und du verwöhnst mich ohne Ende! Womit habe ich das nur verdient?"

Dabei legte sie ihre Arme um seinen Nacken und küsste ihn inbrünstig mit einer Leidenschaft, die er nur allzu gerne erwiderte. Seine Hände machten sich selbstständig und gingen *„unkontrolliert"?* auf Wanderschaft. Sie schienen überall gleichzeitig unterwegs zu sein, was Kristin überaus genoss. Als sie sich nach einer Weile der Hingabe von diesem *Dauerbrenner* wieder von ihm löste, fing sie unvermittelt damit an, lauthals zu lachen.

„Was ist denn mit dir los, findest du meine

Küsse etwa so erbärmlich?", fragte Robert.

„Nein, natürlich nicht du kleiner *Doofi*, es ist nur: ich stand noch nie in meinem Leben mitten auf der Straße und habe geknutscht!"

„Siehst du, einmal ist immer das erste Mal!", neckte Robert zurück und drückte Kristin mit sanfter Gewalt gegen seinen Geländewagen, der immer noch so auf dem Weg stand, wie sie angekommen waren.

„Und es gibt darüber hinaus noch ganz andere schöne Dinge hier bei uns in Afrika, die du noch nie gemacht hast!"

Obwohl sie hier draußen in der Pampa völlig allein waren, sprach er noch gedämpfter als eben zuvor. Mit seinen kräftigen Armen packte er Kristin um ihre Taille und setzte sie auf die offenstehende Heckklappe seines Geländewagens. Mit geschickten Händen öffnete er die Knöpfe ihres sommerlichen Ruckzuckschnellausziehkleides, in Sekunden formten sich ihre Brustwarzen zu herrlich frühlingshaften Knospen und ihre kleinen Brüste streckten sich ihm entgegen. Ganz so, als wollten sie sagen: „Endlich frei!" Kristin ließ es nicht nur willenlos geschehen, nein, im Gegenteil, ihr ganzer Körper vibrierte Robert entgegen. Als ob es ihr wiederum nicht schnell genug gehen konnte, riss sie mit ungeduldigen Fingern an seinem Hosengürtel und Robert tat genau das, was jeder Mann in diesem Moment auch getan hätte.

Der körperliche Akt war zwar nur von kurzer Dauer, dafür aber umso heftiger. Mit Tränen in den Augen, aber zu tiefst erfüllt, schaute Kristin tief in Roberts blauen Augen und schüttelte mit dem Kopf.

„Wenn ich das jemandem erzählen würde!", sagte sie immer noch völlig außer Atem wohl mehr zu sich selbst, als zu Robert, „das glaubt mir doch kein Mensch! Wir vögelten gerade eben mitten auf der Straße!"

„Ja ich weiß", sagte er nur trocken, „falls es dir entgangen sein sollte, ich war auch mit dabei!"

Weinte sie eben noch vor Glück, jetzt musste sie laut losprusten.

„Mitten auf der Straße!", wiederholte sie noch einmal, „das muss ich unbedingt meiner Freundin erzählen. Die erklärt mich für verrückt! Sag mal, machst du das eigentlich öfter – mit *Deinen Touristinnen?*", kam es spitz betont, unter Begleitung einer ihrer theatralischen Augenaufschläge.

„Wenn du das gerne hättest, mit mir kann man reden…", sagte Robert belustigend.

Weiter kam er jedoch nicht, denn beißender Qualm stieg plötzlich in seine Nase.

„Ach du Scheiße, das Feuer!", entfuhr es ihm.

Ja, da war doch noch was! Blitzschnell ergriff er eine Decke, die zufällig auf dem Rücksitz lag. Gerade noch rechtzeitig konnte er sie über die lodernden Flammen werfen, welche eben dabei waren über die zusammengelegten Steine auf eine Grasnarbe überzugreifen. Ohne dass Robert es bemerkt hatte, war ein leichter Wind aufgekommen und ein Buschfeuer hätte ihm gerade noch gefehlt. Souverän erstickte Robert die übergesprungenen Flammen und die Gefahr war gebannt. Auch Kristin hatte sich erschrocken. Jetzt sah sie Robert dastehen, mit einer Decke in der Hand und halb heruntergelassener Hose. Sie konnte sich nun nicht mehr halten vor Lachen, obwohl die Situation für Robert im Moment alles andere als komisch war. Sie bog sich, sie schüttelte sich, hielt ihren Bauch und spürte nebenbei wie sich ihre Blase bemerkbar machte. Sie trat einen Schritt nach hinten, ging in die Hocke um sich zu erleichtern und — pinkelte sich über ihre eigenen Füße!

Denn genau in diesem Moment strich ihr von hinten her ein Windstoß zwischen ihren Beinen hindurch. Auch Robert, der sich vom ersten Schreck erholte hatte, konnte wieder über die volle Breite seines Gesichtes lachen. Die ganze Situation musste ein Bild für die Götter abgegeben haben.

„Sag mir, dass ich all das nur geträumt habe!", hielt Kristin mit einem Blick auf ihre neuen verspritzten Trekkingschuhe noch einmal fest, „das glaubt mir doch keine Sau!"

Sie hatte eine herrlich burschikose Art sich auszudrücken, nicht im Traum wäre jemand auf die Idee gekommen, dass diese Frau in ihrem zweiten Leben einen solch seriösen Beruf wie Rechtsanwältin ausüben könnte.

Der Duft von gegrilltem Fleisch zog hinaus in die Savanne und erreichte Kristins Nase. Sie hatte inzwischen schon mächtig Hunger und war gespannt, was Robert wohl aus seiner *Buschküche* hervorzaubern würde. Dass es etwas Gebratenes sein könnte, das war ihr schon im Voraus klar, denn Robert hielt es wie die Südafrikaner, bei denen das beste Gemüse die Sorte „Fleisch" ist. Er zauberte ein perfekt gegrilltes Steak, welches im ersten Leben noch als

quicklebendiger Springbock den südafrikanischen Busch [14] durchstreifte, auf den Teller.
Dazu hatte er einen Rotwein aus einer seiner
Wunderkisten hervorgeholt und die beiden saßen nun, tiefenentspannt könnte man sagen, in
ihren Klappstühlen und verfolgten während
des Essens einen wundervollen Sonnenuntergang. Es war inzwischen spät geworden und
der Horizont glühte mit dem kleinen Lagerfeuer um die Wette, welches Robert nun nicht
mehr aus den Augen ließ.

Die Mystik eines Lagerfeuers machte
sich breit und nahm das Paar in Beschlag. Es
war eine wunderbare Stimmung, ganz so, als
ob die ganze Welt um die beiden herum nicht
mehr existierte. Sie erzählten, hörten einander
zu, entdeckten immer noch mehr Gemeinsam-
keiten. Zwischendurch saßen sie dann wieder
ein paar Minuten schweigsam nebeneinander,
vor allem wenn Kristin ihren Kopf an Roberts
Schulter lehnte. Sie blickten ins Feuer, dessen
flackernder Schein sich in ihren Augen wider-
spiegelte und genossen den gemeinsamen Moment. Es wurde später und später, die Flammen fanden immer weniger Nahrung und

---

[14] Umgangssprachlich für Dornbusch Savanne

übrig blieb dunkelrot glühende Glut, die eine wohlige Wärme abstrahlte. Inzwischen zeigte sich auch schon der prächtige Vollmond am Himmel und es war Zeit an Schlaf zu denken.

„Was hat Feuer nur so Magisches an sich, dass es einen so nachdenklich macht", fuhr es Kristin nach einer Weile durch den Kopf, während Robert die letzten Glutreste mit Sand erstickte.

Wohltuend ließ Kristin ein kleines Rinnsal, von dem immer noch warmen Wasser über ihren nackten Körper laufen. Robert hatte am Dachgepäckträger eine lange schwarze Röhre befestigt, an dessen Ende er einen richtigen Duschkopf aus dem Campingbedarf montiert hatte. Für die richtige Wassertemperatur sorgte die Sonne, sie schien mit geballter Kraft den ganzen Tag auf dieses Rohr und heizte so das Wasser auf.

„Lässt du mir auch noch etwas Wasser übrig, oder möchtest du heute Nacht mit einem Stinktier in unser Himmelbett?", fragte Robert und zeigte auf das Autodachzelt.

Dieses hatte er inzwischen in eine recht komfortable Schlafstätte verwandelt. Darüber lag nun nur noch die dunkle Nacht und unter all den unvorstellbar vielen funkelnden,

Punkten am Himmel, die zusammen die Milch-straße deutlich sichtbar machten, war das Kreuz des Südens [15] klar zu erkennen. Der Schlafplatz in luftiger Höhe machte dem Wort Himmelbett alle Ehre.

„Aber nur, wenn du mir meinen Rücken noch abschrubbst, ich komme da so schlecht hin!"

Das ließ sich Robert nicht zweimal sagen und mit einer gewöhnlichen Null-Acht-Fünf-zehn-Alltagsseife, die einfach nur ihren Zweck der Reinigung erfüllen sollte, seifte er genüss-lich Kristins Rücken ein. Welch knabenhafte Fi-gur sich im Schein des Mondes abzeichnete! Sanft strich er über ihren Rücken und konnte es nicht lassen, ihre kleinen Brüste ihrer Kehrseite zuzuordnen. Mit seinen gezielt eingesetzten ge-fühlvollen Fingern verwandelte er ihre ansons-ten eher unauffälligen Brustwarzen wieder in leckere kleine „Früchte" und Kristins Körper begann, gleich einer Weide im Wind, sich sanft zu wiegen. Es schien, er hatte die richtigen Knöpfe für START gefunden.

„Du weißt aber schon, was bei einer Frau

---

[15] Markantes Sternbild, welches nur südlich vom Äquator aus zu erkennen ist

hinten und was vorne ist?", flüsterte Kristin leise.

„Klar!", sagte Robert, „Das hier ist hinten!", und klatschte seine Hände auf die jugendlich straffen Bäckchen ihrer Kehrseite.

Er konnte es nicht sein lassen und massierte mit genüsslichen Handstrichen diese beiden Brötchen, die er sich eigentlich fürs Frühstück aufbewahren wollte. Während seine Finger sich nachdrücklich etwas fester in ihre weiche Haut gruben, steigerte sich Kristins Atem hörbar. Als er letztendlich seine Hand bewusst noch weiter nach unten lenkte, stieß Kristin einen lustvollen Seufzer aus. Schon hatte sie ihre Beine leicht geöffnet und Robert damit signalisiert, dass er sich zielsicher auf dem richtigen Weg befand. Ihre Gedanken, dass sie sich nicht weit entfernt einer naheliegenden Ortschaft, in Mitten einer Straße unter freiem Himmel befanden, hatte sie schon längst verworfen.

Nach einer wundervollen Nacht gab es zwar ein spartanisches Frühstück, dafür war die Kulisse um den spärlich gedeckten Tisch herum atemberaubend. Immerhin gab es frisch aufgebrühten, richtigen Kaffee, wie Kristin freudig zur Kenntnis nahm. Sie saßen mit dem Rücken zum Fahrzeug, welches immer noch genauso auf der Straße stand, wie sie angekommen waren. Nach links zeigten die Fahrspuren den Weg, dem sie nachher folgen wollten und direkt vor ihnen stieg die Sonne schon steil nach oben. Es roch nach feuchter Erde, Tautropfen glitzerten auf dem spärlich gewachsenen Gras und es war überraschend kühl, wie Kristin feststellte. Sie hatte aber inzwischen gelernt, dass sich das ziemlich schnell wieder änderte. Mit ihren Händen umklammerte sie die wohltuend wärmende Kaffeetasse.

„Ich glaube Afrika hat mich verzaubert!", flüsterte sie mit bedächtig ausgesuchten Worten, dann herrschte wieder Stille.

Nicht, dass sie sich nichts mehr zu sagen gehabt hätten, nein, ganz im Gegenteil – die Sprache ihrer Herzen verlangte keine Worte. Sowieso, Robert liebte die Ruhe der frühen Morgenstunden, wenn der Tag noch jungfräulich und *„unversaut"* war. Sie lauschten dieser einzigartigen Klangsymbiose der umliegenden afrikanischen Dornbuschsavanne, der wohl größten Bühne der Welt. Unzählige Vögel boten mit ihrem munteren Gezwitscher ein einmaliges Frühkonzert der Superlative, nur ab und zu unterbrochen vom verzweifelte Heulen eines einsamen und nach Liebe suchenden Schakals. Robert brauchte nicht mehr zu rufen - es schien, sein Schrei nach Liebe wurde erhört.

Kristin war kein Kind von Traurigkeit, das hatte Robert schon längst bemerkt. Sie genoss es sichtlich, völlig spontan in der freien Natur der schönsten Nebensache der Welt nachzukommen. Auch Robert hatte nichts dagegen, zumal sein Sexleben die letzten Jahre nicht sonderlich aufregend war. Nicht verheiratet und eine Firma, die ihn voll in Beschlag nahm, machte aus ihm, mangels Zeit für anderweitige „soziale Kontakte", einen richtigen Heimwerker. Das sollte sich aber in Zukunft ändern und Roberts Kurs schien eindeutig in die richtige Spur gekommen zu sein.

Oft hielt Robert an, die Schönheit der Natur lag meist im Kleinen verborgen. Inzwischen kannte er längst die schönsten Aussichtspunkte, schon so oft hatte er diese Tour gefahren, weshalb sie zu seinen Favoriten gehörte. Obwohl sie außer „ödes" Buschland nichts Besonderes bot, wie die wenigen hier ansässigen Farmer behaupteten. Sie hatten diese herrliche Natur auch jeden Tag vor Augen, allerdings mussten sie auch mit ihr kämpfen. Zu wenig Regen bedeutete, Weidetiere hatten nur spärlich zu fressen und brachten auf dem Fleischmarkt so gut wie nichts mehr ein. Kristin lernte quasi hautnah die Kehrseite diese Idylle kennen. Trotzdem verstand es Robert perfekt, ihr mit Feingefühl auch die Schattenseiten Südafrikas zu vermitteln.

Mit jedem Tag, den Kristin mit ihrem *Reiseleiter* verbrachte, fiel der Druck des Alltags weiter von ihr ab und ließ sie in eine völlig neue Welt eintauchen. Sie bekam ein Gefühl dafür, dass es wirklich noch etwas anderes gab, als leistungsorientierter Druck im Beruf dieses sich immer schneller drehenden Hamsterrades.

Robert stieg unvermittelt auf die Bremse. Mit einem Ruck kam der schwere Allradwagen zum Stehen.

„Was ist passiert?" fragte Kristin erschrocken, als er den Motor abstellte.

„Komm steig aus, ich zeig es dir!"

Er sprang aus dem Auto und bückte sich schnell nach einem kleinen Namaqua Chamäleon, welches eben dabei war den Weg zu überqueren. Robert packte es vorsichtig von hinten und setze es auf seine Hand. Zumindest versuchte er es, denn dem kleinen Ding schien das überhaupt nicht zu gefallen. Das Chamäleon fauchte heftig und sperrte sein Maul *sperrangelweit* auf, ganz so, als ob es sagen wollte:

„Lass es sein mein Lieber, so was wie dich verspeise ich grade mal zum Frühstück!"

Dabei zeigte es seine eidottergelbe, dicke Zunge und die winzigen Zähnchen auf seiner Kauleiste. Begeistert hielt Robert den *kleinen Drachen* Kristin unter die Nase.

„Siehst du, sie ist schwanger", sagte er und deutete dabei auf den außergewöhnlich dicken Bauch des ansonsten recht schmal gebauten Tieres.

„Sie hat also einen Mann, der für sie da ist!", sagte er, ohne näher darüber nachzudenken.

„Du weißt schon, dass ich vierundvierzig bin und für Nachwuchs mein persönliches Verfallsdatum überschritten habe?", kam es Kristin über die Lippen.

Dabei blickte sie ihn, den Kopf zur Seite gelegt, übertrieben schräge von unten her an.

„Ach du meine Güte, nein!", konterte dieser, „das Thema habe ich schon lange abgehakt, *mir wäre gerade Angst.* Ich möchte keine Kinder haben, die in der Schule gefragt werden, ob sie heute der Opa gebracht hat! Nein - nein, der Zug ist für mich abgefahren."

„Ja, das ist wohl vorbei!"

Ohne es zu bemerken blickte Kristin dabei für einen Moment mit einem ausdruckslosen Blick ins Leere. Sie hatte keine Kinder, Robert jedoch zwei, die inzwischen allerdings schon auf eigenen Beinen standen. Schon früh hatte er mit dem Thema *„Jugend forscht"* angefangen und konnte neun Monate später seinen ersten Erfolg feiern. Immerhin hatte seine kleine Familie fast zwanzig Jahre lang gehalten, bis sie sich letztendlich einigermaßen friedlich trennten. Nach der Trennung erfüllte er sich dann endlich seinen langgehegten heimlichen Traum von der beruflichen Selbstständigkeit. Einem Neuanfang stand nichts mehr im Wege.

Kristin fühlte sich pudelwohl, wie sie hier von ihrem privaten Tourguide durch das Land kutschiert wurde. Sie saß wieder neben Robert, besser gesagt, sie lümmelte sich auf dem Beifahrersitz herum und hatte ihre Beine hoch oben in der Sonne auf dem Armaturenbrett liegen. Eigentlich galt in Südafrika ebenfalls die Anschnallpflicht, aber *wo es keinen*

Kläger gibt, da braucht es auch keinen Richter.

„Sag mal, trägst du eigentlich nie Unterwäsche?", so ihre unvermittelte Frage an Robert, so dass dieser herzlich lachen musste.

„Wie kommst du denn jetzt darauf?"

„Na ja, das ist mir heute Morgen aufgefallen. Du bist einfach nur in deine Sporthose reingehüpft! Ohne Unterbuxe!"

„Was du alles siehst!", grinste Robert verschmitzt und fuhr fort:

„Frag doch mal die Eingeborenen hier, vor allem die Frauen. Die kennen sowas gar nicht."

„Willst du mich jetzt veralbern?"

„Nein, das würde ich mich nie getrauen!"

Sie konnte bei Robert nie so ganz sicher sein, erlaubte er sich nun einen Spaß oder nicht.

„Nein - im Ernst. Ich hatte einmal ein Ehepaar zu Besuch, so richtige Globetrotter, die schon mehrere Male nicht nur Afrika durchquerten. Sie blieben bei mir für ein paar Tage hängen. Die hausten sehr spartanisch in einer recht kleinen Wohnkabine, die auf ihren Mercedes aufgesetzt war. Der Alltag in so einem kleinen Bus, in dem man nicht allzu viel Platz hat, macht erfinderisch und wie wir uns so unterhielten gab mir die Frau diesen Tipp. Erstens schwitzt man lange nicht so zwischen den Beinen, vor allem wenn man den ganzen Tag im heißen Auto sitzt und zweitens hat man weniger Wäsche zu waschen. Tja, was soll ich sagen, die Frau hatte recht!"

Kristin überlegte kurz, und ein freches Grinsen huschte ihr übers Gesicht.

„Da ist sicherlich etwas Wahres dran, wenn ich mir das so richtig überlege."

Sprach es und zog sich neben Robert demonstrativ ihr weißes Spitzenhöschen aus, wenn man diesen überbreiten Schnürsenkel denn so nennen konnte und hängte ihm das Ding demonstrativ an den Rückspiegel.

„Warum eigentlich nicht? Was du kannst, das kann ich schon lange!"

In Anbetracht des Höschens vor seiner Nase überlegte Robert kurz und zog es nach einem kurzen Seitenblick aber doch vor, erst einmal weiterzufahren. Auch wenn es ihm nicht gelang, sein Kopfkino völlig abzuschalten. Kein Wunder, bei dieser zu *Fleisch gewordenen Versuchung* auf dem Beifahrersitz. Letztendlich wollte er sein festgelegtes Tagesziel nicht irgendwann, sondern noch vor Anbruch der Dunkelheit erreichen.

„Daran könnte ich mich direkt gewöhnen!", entfuhr es Kristin, nachdem sie Stunde um Stunde mit ihrem schweren Pick-up durch die anscheinend endlose Landschaft schaukelten.

„Halbnackt in einem Auto herumlümmeln?", schmunzelte Robert, den Schalk im Nacken sitzend. Er erwischte sich eben selbst wieder dabei, wie er unverhohlen nach links zwischen Kristins Beine schielte, obwohl ihm diese Region inzwischen längst nicht mehr fremd war.

„Du hast wohl auch nur das *Eine* im Kopf?", konterte sie und fuhr noch im gleichen Atemzug fort: „Aber es freut mich, dass du mitdenkst!"

„Nein Frau Rechtsanwältin, das war nur eine Feststellung. Bitte keine Verdrehung von Tatsachen!"

Dabei sah er sie ernst an und drückte dabei demonstrativ ein Auge zu, während er mit dem anderen versuchte, den Weg vor dem Auto nicht völlig außer Acht zu lassen.

„Ich rede natürlich von der herrlichen Landschaft. Wie heißen diese komischen dicken Bäume noch mal? Köcherbäume?"

Robert kannte sich aus und blieb keine Antwort schuldig. Tatsächlich konnte sich Kristin nicht sattsehen. Das Gelände, durch den Rückspiegel betrachtet, sah noch einmal völlig anders aus. Hinter jeder Biegung verschob sich der Horizont bis ins Unendliche. Ihr gefiel die fast baumlose Ebene, die sie gerade durchquerten in all ihrer Schönheit und unbeschreiblichen Weite. Jetzt lag auf einmal eine halboffene Savanne vor ihnen. Lediglich alte Kameldornbäume und vereinzelte Schirmakazien tauchten von Zeit zu Zeit auf. Ihre weißen Dornen waren unübersehbar und auf Grund ihrer Größe für manchen Plattfuß verantwortlich. Ansonsten wuchsen nur niedrige Dornbüsche.

Die beiden waren unterwegs in Richtung Süden und Robert ließ sich Zeit. Viel Zeit, denn wären sie an einem Stück durchgefahren, hätten sie noch am gleichen Tag die Augrabis Wasserfälle erreicht. Somit wären sie nur noch eine Stunde von Roberts Zuhause entfernt gewesen. Der aber wollte Kristin mit noch einer Übernachtung unter freiem Himmel *beglücken*, bevor wieder die ersten wildsicheren Zäune als Anzeichen der Zivilisation auftauchten. Lediglich ein paar versprengte Farmer, die versuchten, Ziegen für die Fleischproduktion zu züchten, waren hier in dieser Halbwüste noch vereinzelt anzutreffen. Die Ureinwohner sind schon längst in die Städte abgewandert, mit der Hoffnung auf ein besseres Leben.

Das ungezwungene Lagerleben beim Campieren in freier Natur war völlig neu für Kristin. Das Gefühl zu wissen, dass vermutlich kein weiterer Mensch sich im Umkreis von wer weiß nicht, wie vielen Kilometern befand, war zwar befremdlich aber auch gleichzeitig beruhigend. Genau das war es letztendlich, was Robert an Afrika so gefiel und wie freute er sich, endlich jemanden gefunden zu haben mit dem er dies teilen konnte, der ihm ernsthaft zuhörte, dem er wieder vertrauen konnte – und ja, der ihn eindeutig so mochte, wie er war. Das war die letzten Jahre nach seiner Scheidung für ihn nicht selbstverständlich. Egal, welche Frau er kennenlernte, *Miss Right* war nicht dabei. Ja, bis er nun an dieser Schule für Fremdsprachen in Kapstadt landete, wo er eigentlich nur seine Englischkenntnisse auffrischen wollte.

„Der Kaffee ist fertig", lockte Robert seinen blonden Engel zurück ans Lagerfeuer, nachdem sie eine weitere herrliche Nacht unter dem Sternenhimmel miteinander verbrachten.

Herrlich in jeder Beziehung, wie man den beiden ansehen konnte. Es hatte den Anschein, dass es für Dauergrinsen in ihren Gesichtern keinen Schalter gab, um es auszuknipsen. Schon früh an diesem Tag hatte Robert ein Feuer entfacht und den Wasserkessel aufgesetzt, währenddessen Kristin tief entspannt ein paar Meter in den unberührten Busch spazierte und die Ruhe des jungfräulichen Tages genoss.

Pudelnackt tauchte sie auf. Sie liebte es, wenn die von den ersten Sonnenstrahlen erwärmte Luft als kaum wahrnehmbarer Wind über ihren Körper strich. Und sie kostete es aus, wie Robert sie offen anschaute. Als ob das nicht genug gewesen wäre, spielte sie dem Anschein nach gedankenverloren und filmreif für Personen ab 18 mit ihren steil aufgerichteten Nippeln. Sie wusste genau was Robert gefällt, wie sie an seinen Boxershorts unschwer erkennen konnte. Nachdem er schon seit einer Stunde am *Werkeln* für das Frühstück war, hatte das mit einer gewöhnlichen, morgendlichen Wasserlatte nichts mehr zu tun. Madams Haarbürste kam an diesem Morgen, völlig entgegen ihrer sonstigen Gepflogenheit, noch nicht zum Einsatz und sie lief noch immer rum wie Struwwelpeter. Ihre blonden Haare hingen ihr dabei wirr über das Gesicht und sie sah dabei atemberaubend natürlich aus. Das gefiel Robert, denn er hielt nicht viel von aufgetakelten Schönheiten mit Mut zur Hässlichkeit. Erst recht nicht, wenn sie Lippen wie zwei aneinandergeklebte Wiener Würstchen hatten, oder zu Fußballgröße aufgeblasene Brüste, die wie schielende Glubschaugen zwischen düsteren Tattoos herausglotzten. Das gab Robert zu denken, und schmunzelnd sah der naturbewusste Reiseleiter vor seinem geistigen Auge verschreckte Wildschweine, die mit hoch erhobenen Schwänzchen aus Angst vor platzenden Silikonbällen davonrannten. Nur weil eine hastige Touristin beim Spazierengehen einem Dornbusch nicht mehr rechtzeitig ausweichen konnte. Kristin hatte ihr Ziel mit der Spielerei am eigenen Körper nicht verfehlt und Robert ließ sich nur zu gerne wieder darauf ein.

„Mein Gott, so viel Sex hatte ich ja in den letzten Jahren nicht, wie mit dir in den letzten Tagen!", stellte Robert fest.

„Dafür bist du aber ganz gut in Form!", kokettierte Kristin zurück, „aber ein paar Übungen mehr, das kann nie schaden!"

Sagte es, und ohne den Blickkontakt mit

Roberts Augen zu verlieren, ging sie vor ihm auf die Knie und packte, im wahrsten Sinne des Wortes, die Gelegenheit direkt und ohne Umschweife beim Schopf. Wobei die beiden sicher sein konnten, dass sie höchstens ein paar Vögel als Zuschauer hatten. Wobei diese darauf pfiffen, was ihnen von diesem verrückten Paar vorgeführt wurde, welches offensichtlich unendlichen Nachholbedarf hatte.

Sex machte nicht nur hungrig, sondern auch ziemlich durstig. Zumal die Temperatur hier draußen in der Halbwüste ziemlich rasant anstieg.

„Darf ich dir auch noch mal einen Kaffee aufgießen?", fragte Robert, noch sichtlich leicht außer Atem.

„Gerne, aber erst muss ich noch mal schnell in den Busch. Du weißt schon!", und schon war sie weg.

Es war noch keine Minute vergangen, als ein rumpelndes und schepperndes Geräusch sich aus der Ferne näherte.

„Ich wusste es doch die ganze Zeit, so alleine sind wir also doch nicht!", rief Kristin, als sie immer noch splitterfasernackt, mit der Rolle Klopapier in der einen Hand und in der anderen den Klappspaten haltend, erschreckt aus dem dornigen Gebüsch hervorsprang.

Robert lachte nur, was blieb ihm denn auch anderes übrig, in Anbetracht dieses aberwitzigen Bildes, das sich ihm bot.

„Da hat sich wahrscheinlich jemand verfahren, oder fährt ins nächste Dorf um einzukaufen! Du wolltest doch etwas zum Erzählen haben, wenn du nach Hause kommst!"

In Windeseile zog sich Kristin Roberts Hemd über, welches gerade griffbereit am Dachgepäckträger hing. Immerhin war es fast lang genug um das Nötigste gerade mal so zu verdecken, schon rumpelte ein alter Farmer mit seinem verbeulten Pick-up heran. Freundlich grüßend und fröhlich lachend fuhr der zahnlose Alte kurzerhand um Roberts Auto herum. Quer zwischen den Dornbüschen hindurch. Autsch, das hörte sich nicht gut an, wie die mit kräftigen Dornen bestückten Äste am Auto entlangstreiften. Den vielen Kratzern an den Blechteilen der Karosserie nach zu urteilen schien er das nicht zum ersten Mal zu machen.

„Was der sich wohl eben dachte?", fuhr es Kristin durch den Kopf, als sie mit hoch erhobenen Armen ebenso freundlich zurückwinkte.

Nicht daran denkend, dass dadurch ihr knappes Hemd noch kürzer wurde und dem freundlichen Mann wohl eine unvergessliche Aussicht bot. Als ob Robert ihre Gedanken gelesen hatte, frotzelte er los.

„Also, wenn der gute Mann das gleiche gesehen hat wie ich gerade eben, könnte es gut sein, dass er gleich noch einmal zurückkommt um sicher zu sein, dass er nicht geträumt hat!".

Laut prusteten die beiden los, sie konnten sich vor lauter Lachen nicht mehr halten. Nachdem sie wieder alles im Fahrzeug verstaut und den Lagerplatz von den nächtlichen Spuren befreit hatten, ging es weiter. Schon ein paar Mal hatte Robert von den Wasserfällen erzählt und heute werden sie endlich dort ankommen. Kristin freute sich wie ein kleines Kind. Der Weg wurde langsam besser und die ersten Farmhäuser tauchten auf. Es ging nicht mehr lange und sie befuhren wieder eine richtige Straße. Wie ein schwarzes Band durchschnitt hässlicher Asphalt störend die Natur. Robert fuhr jetzt wieder hochkonzentriert, denn alle paar Minuten begegneten sie wohl oder übel anderen Fahrzeugen. Kristin stattdessen hatte es sich noch einmal gemütlich gemacht, wie immer die Füße auf dem

Armaturenbrett liegend und den linken Arm zum Fenster hinaushängend. Sie hatte sich inzwischen daran gewöhnt auf der *falschen* Seite zu sitzen, obwohl es die richtige war, denn in Südafrika wurde immer noch links gefahren. Ein Erbe der kolonialen Vergangenheit, welches sich bis heute bewahrt hat.

Endlich tauchte der Eingang zum Park auf und die Wasserfälle waren zum Greifen nah. Vor einem aus roten Natursteinen gemauerten Gebäude hielt Robert sein Fahrzeug an, stieg aus und ging schnurstracks auf ein offenes Fenster zu, über dem ein großes Schild mit der Aufschrift „OFFICE" hing. Ohne Anmeldung keinen Zutritt zu den Wasserfällen und so reichte er dem Uniformierten ein Stück Papier, denn gut vorbereitet hatte Robert sich das benötigte Permit schon vorab besorgt. Nachdem er seine Pflicht erledigt hatte ging er zurück zum Auto, ein anderer Beamter von der Naturschutzbehörde folgte ihm. Er wollte sich vergewissern, dass Robert weder einen Hund noch eine Schusswaffe im Auto versteckt hielt. Das war nämlich in keinem der Nationalparks im südlichen Afrika erlaubt. In weiser Voraussicht hatte Robert seinen Revolver schon vorab im Motorraum hinter der Batterie versteckt und der Beamte konnte sich ruhig den Innenraum des Pick-ups begutachten. Was dieser auch tat. Sogar sehr gründlich. Vor allem aber links, dort saß Kristin. In ihrem hyperkurzen Sommerkleid und direkt vor ihren Knien das Handschuhfach! Entgegenkommend schob Kristin ihre Beine, die auf dem Armaturenbrett lagen etwas zur Seite, blieb aber weiterhin völlig relaxt sitzen. Er kontrollierte - und suchte – und kontrollierte suchend um noch einmal suchend zu kontrollieren . . .

„Sorry my vrou, I'm so sorry! But I must do my werk and I see - everything is o.k.! "

Überfreundlich entschuldigte sich der pflichtbewusste Park Ranger in *dreisprachiger Perfektion* bei Kristin. Robert schien überhaupt nicht zu existieren, obwohl er direkt neben ihm stand und mit Argusaugen den Vorgang verfolgte. Immer bereit, den Uniformierten irgendwie abzulenken, sollte dieser doch noch auf die Idee kommen und einen Blick unter die Motorhaube werfen zu wollen. Natürlich war alles in Ordnung und mit einem beinahe militärisch wirkenden Gruß ließ er die beiden passieren.

„Der war aber gründlich!", meinte Kristin erstaunt. „Sind die immer so?"

„Nö," lachte Robert, „normalerweise sind die sehr oberflächlich! Es kommt nur drauf an, welche Farbe die Unterwäsche der Beifahrerin hat!"

Zweiter Abschied

Sie waren ein wirklich schönes Paar und passten perfekt zueinander. Nicht nur, dass sie den gleichen Humor und viel zu lachen hatten, sie konnten genauso ernsthaft über tiefgründigere Themen reden obwohl sie nicht immer gleicher Meinung waren. Das wäre dann doch zu viel des Guten gewesen und so durfte Robert zwischendurch feststellen, dass Kristin auch ganz schön zicken konnte. Meist ging es dabei aber nur um unwesentliche Dinge. Dazu kam, wie sollte er einer solchen Frau wegen belanglosen Kleinigkeiten böse sein. Einem so nahestehenden Menschen, den er so sehr zu lieben begann. Sie war ebenso ein Wesen mit eigener Persönlichkeit, genau wie er. Davon abgesehen, er sah sich selbst ja auch als nicht immer ganz einfach. Doch egal, was auch geschehen sollte, er sah den Dingen stets mit Ruhe und Gelassenheit entgegen. Was allerdings nur nach außen hin den Anschein hatte. Was ihn in seinem Innersten bewegte, ließ Robert nur selten raus und so schluckte er dabei einiges in sich rein. Die Zeit wird es schon verdauen, so seine innere Einstellung. Die Woche verging wie im Flug und Kristins Urlaub neigte sich unweigerlich seinem Ende zu. Wie zu erwarten war, wurde es kein leichter Abschied für die beiden Verliebten. Weder für Robert, noch für Kristin. Eines war aber ganz sicher, sie wollten sich so bald wie nur möglich wiedersehen. Allerdings, eine Fernbeziehung zu führen, über mehr als 10 Flugstunden voneinander entfernt und das noch verteilt auf zwei Kontinente, das kostete immense Kraft. Ob das gut gehen konnte?

Schweigend saßen die beiden am Frühstückstisch. Auch wenn sie ansonsten die allmorgendliche Ruhe liebten, heute war es irgendwie anders still als sonst. Totenstille! Die Vögel draußen vor dem Fenster schienen verstummt, die Sonne erhellte zwar den Raum, aber ließ das Porzellan und die frisch polierten Gläser auf dem reich gedeckten Tisch nicht wie gewohnt glanzvoll strahlen. Kristins letzter Tag war angebrochen und der unvermeidbare Abschied lag wie ein kreisendes Damoklesschwert über duftend frisch gebrühtem Kaffee und warmen Brötchen, die vom Hausmädchen frisch aufgebacken aus der Küche kamen. Der Geruch von gebratenem Spiegelei und Speck erreichte ihre Nase nicht. All das, was sie die letzten Tage genussvoll in sich einsaugte wie ein Schwamm das Wasser, lag weit entfernt von ihr.

„Wirst du mich vermissen?"

„Und wie!", antwortete Robert.

„Wenn es nach mir ginge, dann würde ich dich am liebsten gleich hierbehalten. Aber mich fragt ja keiner!"

Seine Augen blickten nicht nur traurig, sondern gleichzeitig irgendwie leer zu Kristin.

„Ich weiß auch nicht, warum das Leben manchmal so grausam sein kann. Aber ohne meine gute Anstellung hätte ich mir diesen Ausflug zu dir nicht leisten können!"

„Ja, aber - könntest du dir denn überhaupt nicht vorstellen, bei mir hier in Südafrika zu leben?"

Robert unterbrach mitten im Satz, um seiner Frage mehr Nachdruck zu geben um dann, ohne auf Antwort zu warten, weiterzusprechen.

„Mein Geschäft wirft genug ab und wenn es dir um die Arbeit geht, gegen eine tüchtige Sekretärin an meiner Seite hätte ich nichts einzuwenden", machte Robert noch einen allerletzten offensiven Versuch.

„Ich weiß nicht, ganz ehrlich gesagt, habe ich

mich mit dieser Frage überhaupt noch nicht auseinandergesetzt!"

Auwaja, das hatte ihn aber zutiefst getroffen! Wie ein unsichtbarer Faustschlag, der unverhofft in seinem Bauch landete und ziemlich weh tat. Sehr weh sogar! Wie konnte diese Frau, mit der er zusammen so eine schöne Zeit verbrachte, aus seiner Sicht gesehen, solch einen *gefühlskalten* Satz über ihre Lippen bringen. Eine kleine Welt schien für ihn zusammenzubrechen, denn von seiner Seite aus schien alles bestens gelaufen zu sein. Doch Kristin war ein bodenständiger Typ und mit Leib und Seele in ihrer Heimat an der Ostsee verwurzelt. Ihre Heimat aufzugeben, das konnte sie sich absolut nicht vorstellen. Zumindest nicht im Moment.

Die nächtliche Fahrt zum Flughafen verlief seltsam ruhig, obwohl Kristin dieses Mal hellwach war. Es war beinahe noch stiller als die Fahrt vom Flughafen zu ihm nach Hause, obwohl Kristin damals die meiste Zeit *verpennte*. Der Abschied verlief sehr ruhig, beide schienen den Umständen entsprechend gefasst zu sein. Wohlwissend, es sollte kein Abschied für immer sein. Nur für wie lange, diese Frage blieb offen. Während die Maschine mit Kristin an Bord abhob fuhr Robert noch einmal quer durch Kapstadt bis hinüber nach Seapoint. Dort stellte er sein Auto vor dem Hotel ab, wo alles so schön begonnen hatte. Das Wetter passte sich mit ekelhaft frischem Wind seiner Stimmung an, und der frühmorgendliche Nebel passte perfekt um einen *scheiß* Tag zu erschaffen. Mit Tränen in den Augen ging er langsamen Schrittes hinüber zur Kaimauer, dort wo die alte Bank unter den Palmen stand und die Gischt vom Meer die Farbe verblassen ließ. Beinahe gedankenverloren pflückte er wieder eines der kleinen Gänseblümchen und riss die zarten Blütenblättchen dermaßen vehement aus, als wären es Äste eines kleinen Baumes. Eines nach dem anderen. Sie liebt mich, sie liebt mich nicht. Sie liebt mich - sie liebt mich nicht. Sie liebt mich – sie liebt mich …

Ein Schrei aus tiefster Seele warf sich der stürmischen Brandung entgegen. Ob Kristin diesen hören konnte? Lediglich ein einsamer Jogger in weiter Ferne schaute sich verwundert um.

Machte Robert sich etwa falsche Hoffnungen? Der lange Weg von Kapstadt wieder zurück nach Upington verlief wie im Fluge, wie in Trance fuhr er bis auf einen Tankstopp in einem Rutsch nach Hause. In Gedanken ließ er die letzten Tage noch einmal Revue passieren und vor seinem geistigen Auge entstanden die verworrensten Bilder. Liegengebliebene Arbeit der vorangegangenen Woche lenkte ihn auch nicht wirklich ab, obwohl er sich umgehend darauf losstürzte. Es war aber eher ein planloses Hin- und Hergehen, bis er letztendlich von der Müdigkeit übermannt wurde. Dieser Tag war für ihn definitiv gelaufen!

Der Alltag holte Robert jedoch schnell wieder ein – trotzdem, ein Gedanke beschäftigte ihn immer wieder. Nicht, dass er seine *Blonde aus dem hohen Norden* schnell vergessen hätte, im Gegenteil. Da war lediglich ein kleines Detail, über das er sich eigentlich bisher keine Gedanken machte und doch gab ihm nun genau das immer mehr zu denken. Erwähnte Kristin nicht einmal einen Freund? Oder nannte sie ihn sogar **ihren** Freund? Vielleicht hätte Robert einmal direkt die Frage stellen sollen, welche Art von Beziehung Kristin mit dem großen Unbekannten denn führte. Das jedoch war überhaupt nicht Roberts Art, denn wenn ein anderer nicht von sich aus etwas erzählte, dann hatte es bestimmt seine Gründe. Indiskretion war für ihn ein Fremdwort. Vielleicht hätte er aber dennoch einen Versuch

wagen sollen. An den passenden Gelegenhei-
ten in vertrauten Gesprächen hätte es nun
wahrlich nicht gemangelt, schienen sie doch
recht offen im Umgang miteinander gewesen
zu sein. Sollte er sie vielleicht einfach fragen,
wenn sie das nächste Mal telefonierten? Das
schien ihm auch nicht der geeignete Weg zu
sein, obwohl keine Woche verging, in der sie
nicht per Schallwellen miteinander verbunden
waren oder sich zumindest eine kurze Mail
schrieben. Vorausgesetzt sie hatten Verbindung, was bei der südafrikanischen Telekom
ein großes Fragezeichen war. Meist zeigte sich
auch nur ein einfacher Stromausfall dafür verantwortlich, dass sie mitten im Gespräch ausei-
nandergerissen wurden. Was das anbetraf
wurde deutlich, Robert lebte tatsächlich noch
im tiefsten Buschland Südafrikas. Aus diesem
Grunde bevorzugte er den einfachen Weg und
tippte fast täglich ein paar liebe Worte an seine
Kristin. Eine E-Mail klappte meistens. Sie jedoch bevorzugte nach wie vor das Telefon,
denn mit dem Computer hatte sie es nicht so,
schon alleine deswegen, weil sie ein direktes
Gespräch einfach viel persönlicher fand. Damit
hatte sie ja nicht unrecht und trotzdem, mit der
Zeit wurden die Abstände der Telefonate

immer größer. Kristin war gefangen in ihrem Beruf, der sie vollständig forderte und seinen Tribut zollte. Robert, der seine Arbeit zwar nicht als solche ansah, war ebenfalls rund um die Uhr eingespannt.

„Selbst auferlegter Stress ist kein Stress!", so antwortete er immer, wenn er danach gefragt wurde, ob ihm das alles im Alleingang nicht zu viel sei.

An der Wand über seinem Schreibtisch hing ein großer Kalender, mit sorgfältig eingetragenen Notizen, Namen und Telefonnummern. Aber ein einziger Eintrag, mit dicken, fetten Buchstaben über 11 Kalenderkästchen verteilt, stach ganz besonders ins Auge.

155

Lübeck, Schleswig -Holstein

Auf der internationalen Tourismus-
messe in Leipzig absolvierte Robert sein
Pflichtprogramm, doch in Gedanken war er
schon längst bei *seiner blonden* Kristin.

Er hatte sich mit seiner Safari Firma angemeldet und wollte damit zwei Fliegen mit einer Klappe schlagen. Er hing noch eine extra Woche Urlaub hinten an, um Kristin in Lübeck zu besuchen. Nur zu gerne wollte er wissen, wo und wie sie wohnte. Vor allem aber – wie sah denn ihr Alltag aus? Noch bevor die Messe zu Ende war, buchte er sein Ticket für die Bahn von Leipzig an die Ostsee. Er wollte sicher gehen, dass er im Zug einen Platz findet. Schon lange war Robert dem Tempo des deutschen Alltags entflohen und weniger hektisch schien es nicht geworden zu sein. Das wurde ihm auf der Touristik Veranstaltung überdeutlich vorgelebt, die Menschen waren alle nur am *Rennen*, so richtig Zeit hatte eigentlich keiner!

Robert schnappte nach Luft als er am Bahnhof ausstieg. Es war drückend stickig und es roch nach kaltem Zigarettenqualm, der sich mit einem kräftigen Hauch Urin mischte. „Na ja, auch nicht besser, als ein toter Pavian, der im Gebüsch liegt!", ging es ihm durch den Kopf.

Dabei grinste er über sich selbst in Anbetracht dieses doofen Vergleichs. Tatsächlich roch es nicht ganz so nach Natur, wie er es von sich zu Hause in Südafrika gewohnt war.

Sein Blick durch die gläserne Kuppel des überdachten Bahnhofs offenbarte ihm einen Himmel in der Farbe einheitsgrau, der von Nebel nicht zu unterscheiden war. Konnte man grau überhaupt als Farbe bezeichnen? Robert zeigte sich *„begeistert"*, als er trotzdem frohen Mutes den langen Bahnsteig entlang in Richtung Ausgang flüchtete. Wohin sollte er eigentlich? Aus den Lautsprechern drangen quäkend, blecherne Durchsagen. Robert wartete nur noch auf die Ansage. „Fahrgast Rahrichter bitte zur Auskunft!"

Am Ende des Bahnsteigs angekommen sah er Kristin schon von weitem, ihre blonden Haare stachen unverkennbar aus der Masse an wild durcheinanderlaufenden Fahrgästen heraus. Ein dezent grauer Hosenanzug betonte zusätzlich ihre bewundernswert schlanke Figur, unterstrichen noch durch eine Art von Stelzen, die unter ihren Füßen steckten. Kristin in High Heels[16], das hatte Robert so nicht erwartet. Er war sichtlich *geflasht*, wie man heute so sagt.

„Wie habe ich dich vermisst, und wie freue ich mich jetzt hier bei dir zu sein!"

---

[16] Hochhackige Schuhe, umgangssprachlich auch Spinatstecher genannt

Eigentlich wollte er sie mit diesen Worten begrüßen, sie in seine kräftigen Arme nehmen um sie zu spüren! Wie sehr hatte er sich nach ihr gesehnt, sie festzuhalten und nicht mehr loszulassen. Aber – stattdessen gab es nur eine kurze und äußerst halbherzige Umarmung in Verbindung mit dem kürzesten Kuss, den sie sich je gaben. Das musste vorerst genügen.

„Du, es ist jammerschade, aber ich habe leider nicht allzu viel Zeit. Ich habe mir nur ganz kurz frei genommen um dich zu mir nach Hause zu bringen. Alles andere müssen wir leider auf heute Abend verschieben, denn ich habe heute Mittag noch einen unumgänglichen Gerichtstermin, an dem ich einen Mandaten vertreten muss!", so sprudelte es aus Kristin nur so heraus, begleitet vom Versuch eines Lächelns.

„Das ist schon in Ordnung.", erwiderte Robert, „Ich bin ja eine ganze Woche hier. Davon abgesehen bin ich heute schon so lange auf den Beinen und *fertig wie ein Schnitzel*, du hättest vermutlich nicht allzu viel Freude mit mir!"

Kaum waren die beiden an Kristins Mittelklassewagen angekommen, drückte sie die Fernbedienung und wie *Sesam öffne dich* ging der Kofferraum wie von selbst auf. Während sie eine *Autogrammkarte* unter dem Scheibenwischer hervorzog, die vom *Sheriff* der Stadtverwaltung persönlich unterzeichnet war, wuchtete Robert seinen Rucksack ins Auto und nahm auf dem Beifahrersitz Platz.

„Das ist ja praktisch! Bekommt ihr in Deutschland die Post immer so geliefert? Bei uns in Afrika muss ich jeden Tag ans Postfach laufen!"

Roberts Bemerkung klang wohl sehr zynisch, denn ihre Antwort kam kurz und präzise, wie aus der Pistole geschossen.

„Depp!", doch schon nach nur einem kleinen Augenblick entschärfte sie ihre zu laut gedachte Bemerkung und fuhr fort.

„Entschuldige, aber ich bin eigentlich schon fast zu spät. Und alles nur wegen dir, da kannste mal sehen, was du mir Wert bist!".

Dabei schob sie ihre Hand wie zur Versöhnung auf Roberts Oberschenkel, wo er seine ebenfalls liegen hatte.

„Willkommen in der Welt des Stresses."

Kristin brachte Robert zu sich nach Hause. Mit einem *flotten Reifen* fuhr sie mit ihm quer durch die ganze Stadt, vorbei am Holstentor um dann irgendwo rechts zwischen den zu einer endlosen Reihe zusammengebauten Altstadthäusern, den nächsten freien Parkplatz anzusteuern. Die Sonne bohrte eben ein kleines Loch durch die tiefhängenden Wolken und tauchte die Stadt für einen Moment in kräftige Farben. Ja doch, gar nicht schlecht - wie Robert nebenbei feststellen konnte, aber den dichten Stadtverkehr empfand er mehr als erdrückend. Automatisch kauerte er sich zusammen und wurde auf seinem Sitz immer kleiner. Rechts, links, hinten und vorne - überall Autos, Motorräder und – Fahrradfahrer, die sich auf den ersten Blick anscheinend ohne Beachtung jeglicher Verkehrsregeln kreuz und quer zwischen den Fahrzeugen hindurchquetschten. Permanent Rushhour, das war er in der Art überhaupt nicht mehr gewohnt! In Leipzig war ihm das völlig entgangen, denn der Weg vom Flughafen zur Messe dauerte gerade mal zehn Minuten. Tief in seinem Autositz eingesunken entlockte es Robert doch noch ein Schmunzeln, in Gedanken war er gerade auf seiner letzten Fahrt von zu Hause an den internationalen Flughafen in Kapstadt unterwegs. Dort konnte er die Fahrzeuge, die ihm in einer Stunde über die Distanz von einhundert Kilometern entgegenkamen, an einer Hand abzählen!

Satte vier Minuten Fußmarsch vom Parkplatz entfernt, kramte Kristin umständlich den Hausschlüssel aus ihrer beständig überfüllten Handtasche hervor. Sie standen vor einem wunderschönen Altstadthaus, traditionell gebaut mit roten Backsteinen. Kleine weiße Fensterläden zierten die unzähligen Fenster an den Gebäuden und Robert musste schon genau hinschauen, wo an dieser langen Häuserfront ein Haus anfing und wo es wieder aufhörte. Genau in diesem Moment brachte die Sonne die rote Backsteinfront zum Glühen.

„Du wohnst aber schön hier", bemerkte Robert und meinte es ehrlich, denn die schmucke Altstadt hatte es ihm sichtlich angetan.

Nicht nur, weil sich die Sonne, die offensichtlich nicht ganz sicher war, *soll sie, oder soll sie nicht*, gerade wieder einmal blicken ließ.

„Ja, das war schon immer mein Traum und ich habe lange für eine Wohnung in dieser Lage gespart. Vor allem musste ich lange suchen, das ist heutzutage gar nicht so einfach. Allerdings, ganz so ruhig wie bei dir zu Hause, wirst du es hier nicht haben!"

Kristin stemmte sich gegen die massive Eingangstür aus schwerem Eichenholz und ließ Robert mit seinem kleinen Rucksack den Vortritt. Er hatte nie großes Gepäck dabei, sondern immer nur das Notwendigste. Das war er so gewohnt von seinen Safaris in den Busch.

„So, wir müssen fünf Treppen hoch", dirigierte Kristin mit einer Selbstverständlichkeit und beobachtete aus ihren Augenwinkeln heraus Roberts Reaktion, hatte der doch lediglich eine flache Türschwelle an seinem ansonsten ebenerdigen Haus.

„Siehst du, jetzt weißt du, warum ich kleines Gepäck bevorzuge", entgegnete Robert, dem Kristins Seitenblick natürlich nicht verborgen blieb, und er fügte ganz beiläufig noch hinzu:

„Und solltest du auf die Idee kommen, mich heiraten zu wollen, dann würde ich dich auf dem anderen Arm glatt auch noch hochtragen. Vorausgesetzt du bist nicht im achten Monat!"

Obwohl Kristin im Zeitdruck war blieb sie wie festgewurzelt auf der Stelle stehen.

„Ha, ha, ha - machst du immer so makabre Witze am helllichten Mittag?"

Sie war dermaßen perplex, dass sie darüber hinaus für einen Moment vollkommen vergaß, dass sie nur noch ein paar Minuten Zeit hatte, wenn sie zu ihrem Termin vor Gericht halbwegs pünktlich erscheinen wollte.

„Wieso?", scherzte Robert, „hast du noch nie auf der Treppe einen Heiratsantrag bekommen?"

Kristin wusste nicht, was sie darauf wohl antworten sollte. Davon abgesehen, einen ungeschickteren Zeitpunkt hätte Robert nicht auswählen können. Eigentlich hätte sie ihm jetzt um den Hals fallen müssen, sie wirkte aber im Gegenteil auf einmal sehr, sehr nachdenklich, bis …

„Scheiße, mein Termin", fiel es ihr siedend heiß ein und im selben Augenblick war alles wie weggeblasen.

„Du, hier meine Wohnungsschlüssel, da noch zwei Treppen... und dann bis heute Abend. Du wirst schon zurechtkommen."

Mit fahrigen Bewegungen löste sie den Wohnungsschlüssel vom monströsen Bund, den sie sofort wieder in den Untiefen ihrer Handtasche versenkte. Klack, klack, klack hallten Kristins Schuhe, als sie eilig durch das Treppenhaus nach unten entschwand

„Ich freue mich auf dich", rief Robert Kristin

noch hinterher, was sie aber auf Grund ihres geräuschvollen Abgangs gar nicht mehr hörte.

„Herzlich willkommen!", stand auf einer kleinen Holztafel an der Wohnungstür, vor der ein brauner und vollkommen abgetretener Schuhabstreifer lag.

Robert schloss die Tür auf und steckte vorsichtig seinen Kopf durch den Spalt. Man konnte ja schließlich nie wissen! Ja, diese Wohnung war bewohnt. Das sah Robert mit einem Blick. Nicht, dass Unordnung geherrscht hätte, nein! Aber es sah nun mal so aus, wie bei berufstätigen Menschen, die morgens aus dem Haus gehen, spät abends stressgeplagt wieder zurückkommen und keinen *Bock* mehr auf Hausarbeit haben. Er schaute sich in Ruhe um. Aha - das zerwühlte Bett im Schlafzimmer hatte an diesem Tag noch niemand gemacht und die zerknautschten Sofakissen schienen ebenfalls keine bestimmten Plätze zu haben. Irgendwie fand es Robert aber doch ganz gemütlich, obwohl die ganze Wohnung nur die Größe seines Wohnzimmers in Upington hatte. In etwa. Mit einem Unterschied! Es roch hier anders, es roch nach – Kristin. War es ihr Parfüm oder ihre Bodylotion, oder weiß der Geier, mit was sich Frauen beduften, egal – es war ein angenehmer und wohlriechender Duft. Baby-Öl, ja – er erinnerte sich, diesen Duft hatte er doch noch in Erinnerung. Er durchströmte die ganze Wohnung und ließ Robert den Stress der letzten Stunden vergessen. Sogar einen Balkon entdeckte er, doch beim Öffnen der Tür war er sichtlich enttäuscht. Das, was ein Balkon sein sollte, erinnerte ihn eher an einen begehbaren Blumentopf. Immerhin hing am Geländer ein Miniklapptisch, an dem zwei Menschen nebeneinander Platz fanden zum gemeinsamen Frühstück. Vorausgesetzt, sie haben sich sehr lieb, rücken gerne eng zusammen und das Wetter spielt mit. Ach ja, am Sockel des Geländers stand auf dem Boden noch ein einsames Töpfchen mit Basilikum, welches halbvertrocknet seine *Flügel* hängen ließ.

„Ganz schön vollgestellt der Balkon und vor allen Dingen verdammt hoch", stellte Robert mit einem beinahe mitleidsvollen Grinsen im Gesicht fest, und streckte seinen Kopf vorsichtig über die Brüstung.

„Wie lange wohl ein Frühstücksei unterwegs wäre, bis es unten ankommt?", ging es ihm durch den Kopf.

Um diese Idee in die Tat umzusetzen, entriss

er dem Basilikum ein mittelgroßes Blatt, ließ es nach unten fallen und begann, die Sekunden zu zählen. Nicht schwindelfrei hielt er sich eisern am Geländer fest.

„Ein Ei wäre doch schneller gewesen!", stellte er lakonisch fest.

Beinahe so, als ob er mit sich selbst eine Wette abgeschlossen hätte. Nachdem Robert sich einen Überblick verschafft hatte, sortierte er die Sofakissen und legte sich der Länge nach auf die Couch. Er schloss seine Augen und sah Kristin, wie sie ihm am ersten Schultag in Kapstadt gegenübersaß. Mit funkelnd blauen Augen in einem luftig, blumigen Sommerkleid und dem knallroten Lippenstift, umrahmt von ihren blonden Haaren. Er konnte ihre Wärme spüren, wie sie sich das erste Mal küssten und sie erst Monate später bei ihm zu Hause hemmungslos übereinander herfielen. Und da war auch dieser betörende Duft, mit dem er sich bis zur Bewusstlosigkeit *vollsaugen* könnte – ja genau – exakt derselbe wie vorher, als er die Wohnung betrat. Darüber hinaus überfiel ihn tatsächlich eine Art von *Ohnmacht* und er schlief auf der Stelle ein.

„Hallo mein Liebling, aufwachen – ich bin da,

167

ich habe endlich Feierabend!"

Warme Lippen berührten sanft Roberts Gesicht, während weiche Hände sich zärtlich in seinem Nacken zu schaffen machten. Völlig unbemerkt kam Kristin nach Hause und fand den schlafenden *Buschmann* in ihrem Wohnzimmer vor. Auf leisen Sohlen ging sie zu allererst an den Kühlschrank wo eine gut gekühlte Flasche Sekt nur darauf wartete, endlich geköpft zu werden. Nicht einmal das „*Plopp*" beim Öffnen der Flasche bemerkte Robert, obwohl er ansonsten auch schon beim kleinsten, ungewöhnlichen Geräusch aufwachte. Kristin wollte die Überraschung gerne auf ihrer Seite haben. Was ihr auch gelang, denn Robert brauchte einen Augenblick um zu realisieren, dass die Blonde aus dem Norden, von der er eben noch träumte, absolut echt war.

„Hey, du bist ja hier! Oder - nein, ich bin bei dir. Schön, dass du Feierabend hast. War ja recht kurz unsere Begrüßung heute Mittag!", stammelte Robert, der sich eben noch im friedvollen Tiefschlaf befand.

„Ja, das konnte ich mir leider nicht anders aussuchen. Aber jetzt bin ich da, und wir haben viel Zeit - bis morgen früh um sieben! "

Kristin reichte Robert ein Glas mit dem perlenden Blubberwasser und sie stießen gemeinsam an.

„Auf ein paar schöne Tage und auf uns."

„Und wie wir diese genießen werden! Ich habe dich so sehr vermisst", flüsterte Robert und schaute dabei tief in ihre Augen.

Er nahm einen kleinen Schluck und fuhr fort, während er sein Glas zur Seite stellte:

„Wenn du nur bis morgen früh um sieben Zeit hast, dann müssen wir uns jetzt aber beeilen mit...!"

Noch bevor er zu Ende redete, kam Kristin ihm bereits entgegen denn er sprach ihr aus der Seele. Auch sie hatte ihn seit ihrer Reise nach Südafrika so unsagbar vermisst und konnte es kaum mehr erwarten, mit ihm eins zu sein und mit seinem sonnengebräunten Körper zu verschmelzen.

„Wieso fängst du nicht endlich damit an?", sagte sie auf Zehenspitzen stehend und begann sich ihre Schuhe abzustreifen.

Robert nahm Kristin das Glas aus der Hand, stellte es beiseite und ließ sich auf die Couch fallen. Dann zog er sie zu sich hinunter.

Wie lange musste er sich doch für diesen Moment in Geduld üben. Der Abend wurde lang und immer länger. Eigentlich ging der Abend bis in die frühen Morgenstunden. Irgendwann, kurz bevor der Wecker klingelte, schliefen die beiden zu tiefst erschöpft ein.

Gnadenlos schepperte diese altmodische *Analogweckmaschine*. Robert war der Glücklichere, er durfte liegenbleiben und schlief auch auf der Stelle weiter, während Kristin sich in Windeseile schon wieder für die Arbeit fertig machte. Auf dem Küchentisch hinterlegte sie ein abgerissenes Kalenderblatt mit einer offensichtlich hastig geschriebenen Nachricht.

„Guten Morgen mein Schatz. Fühl dich wie zu Hause, im Kühlschrank findest du alles fürs Frühstück. Ich bin heute mit dem Bus zu Arbeit und du kannst gerne mein Auto nehmen. Es steht wieder dort an der Ecke, wo wir gestern Mittag ausgestiegen sind. Aber denk daran und fahr auf der rechten Seite. Ich komme heute Mittag etwas eher und hoffe, dass ich bis um vier zurück bin. Hab einen schönen Tag. Ich freu mich auf später!"

So hatte Robert sich ein Wiedersehen eigentlich nicht vorgestellt, aber was sollte es. Er wusste ja von vorneherein, dass Kristin beruflich sehr eingespannt war und im Moment keinen Urlaub nehmen konnte. Aber mit ihr ein paar freie Stunden und vor allem die Abende und Nächte zu genießen war immer noch besser, als wenn sie sich überhaupt nicht gesehen hätten. So verbrachte Robert seine Zeit ohne Kristin damit, sich die Stadt mit Umgebung in Ruhe alleine anzuschauen. Zu sehen gab es ja nun allerhand und schließlich konnte ihm niemand sagen, wann er das nächste Mal wieder in Lübeck sein würde.

Schnell fand er Gefallen an diesem Städtchen, besonders die historische Altstadt und die Nähe zum Meer, das hatte schon was! Die Architektur, die Bauweise der Häuser mit engen Gassen die zu verträumten Hinterhöfen führten und die mächtige Kathedrale mit den roten Klinkersteinen. Dann war da noch der Hafen mit den alten Schiffen und die riesigen Speichergebäude neben dem Holstentor. Wo hatte er das nur gesehen, war das nicht vor Jahren einmal auf einem Geldschein abgebildet? Klar, das war auf dem guten alten 50 *Mark-Schein*. Gemütlich durchschlenderte Robert die ganze Stadt und ließ seine Gedanken kreisen. Könnte er, wegen einer Frau, sein geliebtes Südafrika gegen so eine traditionsbehaftete und malerische Stadt eintauschen? Nur für einen Moment durchströmte ihn diese fixe Idee, um sie sofort wieder zu verwerfen. Liebe soll ja in der Lage sein, Berge versetzen zu können, aber war Robert ein Berg? Wenn Kristin ihn liebte, könnte sie ihm doch nach Südafrika folgen. Denn immerhin arbeitet man dort um zu leben, während es ganz besonders in Deutschland eher den Anschein hatte, der Mensch kommt nur auf die Welt um zu arbeiten. Robert war sich dieser Meinung ganz sicher, schließlich konnte er sich noch gut an sein erstes Leben in der alten Heimat erinnern. Genau deswegen, was er unter Lebensqualität verstand, war er schließlich ausgewandert. Wie könnte er das nur Kristin verklickern?

Herr Müller war ebenfalls Rechtsanwalt und saß Kristin am Schreibtisch gegenüber. Fordernd schaute er sie an, ganz so, als wollte er durch sie hindurch den Wandkalender ablesen. Sie bemerkte nicht seinen Blick und so versuchte er es mit einer direkten Ansage.

„Hallooo – Frau Kollegin! Können Sie mir mal bitte verraten, wo Sie sich gerade befinden? Nicht, dass ich sonst noch auf die Idee komme, dass Sie anstelle von Arbeiten nur davon träumen! Oder wie würden Sie im Falle einer Verteidigung Ihren Zustand beschreiben?"

Die Förmlichkeit war nur Theater, denn schon seit langem waren sie ein gut eingespieltes Team in diesem Großraumbüro, in dem noch vier andere Mitarbeiter tief in ihren Akten versunken saßen. Kristin erschrak sichtlich, denn sie hatte heute ihren Kopf überall, nur nicht bei der Arbeit. Das war nach der vorangegangenen Nacht auch nicht verwunderlich.

„Nein, nein", sagte sie kopfschüttelnd, eine gewisse Verlegenheit konnte sie jedoch nicht verbergen.

„Ich mache mir nur so ein paar Gedanken über den Fall, den ich gestern noch zu bearbeiten hatte!"

„Muss ja 'ne schwere Tat gewesen sein. Hast an diesem „Fall" wohl die Nacht durchgeackert! Kenn ich den Klienten?", fragte er, zog dreckig grinsend die Augenbrauen hoch und fuhr fort, ohne eine Antwort abzuwarten.

„Weißt du was, ich übernehme den nächsten Klienten für dich, du gehst nach Hause und bearbeitest deinen gestrigen „Fall" zu Ende.", und mit einem demonstrativen Augenzwinkern fügte er noch spitz hinzu:

„Oder Sie lassen sich <u>von Ihrem Klienten</u> fertig bearbeiten, ganz wie Sie möchten, Frau Kollegin!"

Das von Ihrem Klienten extra noch zu betonen wäre nicht nötig gewesen, sie hatte auch so verstanden. Kristins Kollege war überzeugter Junggeselle und ließ nichts aus, was nicht bei *„drei auf den Bäumen"* war. Sie wusste also auch so was er meinte. Das ließ sie sich natürlich nicht zweimal sagen.

„Du trinkst immer noch Scotch, richtig?" verabschiedete sich Kristin, die ihre Handtasche bereits unter den Arm geklemmt hatte während sie hastig ihren Aktenkoffer unter dem Tisch hervorzerrte

„Du kennst ja meine Marke und die gibt es inzwischen auch als Ein-Liter Flasche!" antwortete er noch, während sie schon im Begriff war, die Tür von außen zu schließen.

Kristin hatte Glück und erwischte gleich den nächsten Bus nach Hause, doch Robert war nicht da. Klar, wie sollte er auch wissen, dass sie früher nach Hause kam.

„So ein Mist aber auch", schimpfte sie mit sich selbst, denn jetzt hatte sie schon seit einem halben Jahr so ein neumodisches Handy und kam nicht mal auf die Idee, ihn vom Büro aus kurz anzurufen. Obwohl Robert in einem Entwicklungsland lebte, ohne sein Handy ging fast gar nichts mehr und wäre für ihn einer Behinderung gleich gewesen. Er wäre also erreichbar gewesen! Kristin hätte sich selber ohrfeigen können, aber so blieben ihr wenigsten noch ein paar Minuten, um sich der liegengebliebenen Hausarbeit zu widmen.

Der Traum vom hemmungslosen Hin- und Herschwingen des Bügeleisens wurde schon bald beendet. Kaum war dieses richtig heiß geworden, hörte sie ihre Schlüssel, wie sie sich im Türschloss drehten. Robert kam doch früher als erwartet nach Hause – und hatte Hunger.

„Ich dachte, wir gehen nachher miteinander noch etwas essen, du bist im Büro doch bestimmt nicht dazu gekommen!"

Stimmt, Kristin hatte ihm ja einmal davon erzählt, dass sie bei Termingeschäften selten Zeit für eine Pause hat und sich dafür am Abend in Ruhe etwas zu Essen machte.

„Das ist eine super Idee, da höre ich mich nicht nein sagen. So groß ist die Auswahl in meinem Kühlschrank auch wieder nicht."

Sie beschlossen, irgendwo in einem kleinen Lokal essen zu gehen. Keine fünf Minuten hatten sie zu Fuß, schon landeten sie im „Mieras", einem kleinen Restaurant, in welchem auch mit Feinkost und edlen Weinen gehandelt wurde. Darüber hinaus war es bekannt für seine ausgezeichneten Speisen in einem überaus ansprechenden Ambiente. Sie ließen sich viel Zeit und genossen zum Dinner eine ganze Flasche trockenen Pinot Noir. Zum ersten Mal nach längerer Zeit fanden sie Ruhe zum Reden, was in der vorangegangenen Nacht aufgrund ihres intensiven Workouts [17] überhaupt nicht möglich war. Sie saßen sich beim Essen gegenüber wie ein Ehepaar, dass sich abends nach einem harten Arbeitstag austauscht. Robert erzählte von einer außergewöhnlichen Safari mit einer Gruppe Japanern und all ihren wundersamen Macken. Dabei ließ er es nicht aus, immer wieder zu betonen, wie schön es zu Hause in der Natur Südafrikas war. Irgendwie musste Kristin doch für Afrika zu begeistern sein um sie für eine *lebenslängliche Safari* gewinnen zu können. Im Gegensatz zu Roberts abenteuerlichen Geschichten wusste sie nicht, womit sie hätte

---

[17] Fitnessprogramm

dagegenhalten können. Das aufregendste was ihr widerfuhr, war letzte Woche eine Dildo Party bei ihrer Freundin Renate. Ob sie damit bei Robert punkten konnte? Ach ja, da war noch die Anzeige einer Mieterin, der immer die Blätter der Balkonpflanzen des darüberliegenden Stockwerks auf ihre Wäsche fielen, die sie zum Trocknen rausgestellt hatte. Als ob es keine anderen Probleme in dieser Welt gäbe. Erwähnen könnte sie vielleicht noch ihre leider viel zu seltenen Spaziergänge am Strand der oft rauen Ostsee. Das war dann schon alles, was sie ihm hätte wirklich vorschwärmen können um ihn vielleicht dazu zu bewegen, bei ihr in Lübeck zu bleiben. Wollte sie denn das überhaupt, wenn sich ihre Abenteuer auf zehn Stunden Arbeit am Tag und dem Wälzen von trockenen juristischen Büchern am Wochenende beschränkten? Ihre einzige wirkliche Abwechslung war, dass sie mit Martin ab und zu einmal um die Häuser zog, mal zum Essen oder ins Kino. Ups - jetzt war es heraus.

„Ist Martin dein Freund, den du schon einmal kurz erwähntest?"

Jetzt oder nie, irgendwann einmal musste Robert diese Frage stellen und das war die Gelegenheit, die er beim Schopf packen konnte ohne indiskret zu erscheinen. Nur zu gerne wollte er endlich wissen, in welchem Verhältnis Kristin zu diesem Martin stand.

„Ja, der Martin ist ein sehr guter Freund von mir. Immer wenn mich etwas bedrückt hat er Zeit für mich und wir *können gut* miteinander. Aber mir ist das leider nicht genug, denn ihm geht sein Hobby, das Segeln und seine Freiheit über alles. Für eine feste Beziehung ist <u>der</u> nicht geeignet."

Robert wurde nachdenklich. Verlangte Kristin mehr von diesem Martin und bekam es nicht? Warum hatte sie ihm, der am anderen Ende der Welt zu Hause war, so viele Hoffnungen gemacht? Oder hatte er Kristin falsch verstanden und es war alles nur ein ausgedehnter Urlaubsflirt. Warum kamen ausgerechnet jetzt, wo sie so schön beieinandersaßen, erste Zweifel? Für einen Moment war er nicht mehr ganz bei der Sache, doch der Wein zeigte langsam seine Wirkung und ließ diesen Gedankengang schnell wieder in Vergessenheit geraten. War der Abend doch wirklich wunderschön, das Essen perfekt, ein stilvolles Ambiente und er und Kristin hatten endlich Zeit füreinander. Irgendwann war die Flasche leer, und der kleine Zeiger an der stylischen Wanduhr zeigte eine Stunde vor Mitternacht. Robert wollte bezahlen, aber ohne, dass er davon etwas mitbekam, hatte dies Kristin bereits erledigt.

„Als ich bei Dir in Südafrika war, hattest du immer alles für mich bezahlt. Jetzt wurde es Zeit, dass ich mich bei dir revanchieren konnte und auf diese Art einmal danke zu sagen!"

Sie ergriff seine Hand, beugte sich über den Tisch und küsste ihn auf die Stirn. Mehr hätte nur zu unnötigen Verrenkungen geführt.

„Und jetzt gehen wir ganz schnell nach Hause", fügte sie noch leise hinzu.

„Ja ich weiß, du musst morgen früh wieder zur Arbeit".

Helle Begeisterung sah anders aus, aber Robert fügte sich willig. Er wusste, dass Kristin am nächsten Morgen wieder einen wichtigen Termin hatte, bei dem sie einen Mandanten vor Gericht vertreten musste, und irgendwann brauchte sie ein paar Stunden Schlaf, um fit zu sein. Aber immerhin, es lockte ihn ein warmes Nest mit einer wundervollen Frau unter einer gemeinsamen Bettdecke. Und wer weiß, vielleicht noch mehr? Es blieb jedoch ziemlich ruhig in dieser Nacht, denn der Wein zeigte inzwischen seine volle Wirkung und beide

schliefen in Löffelchenstellung eng zusammen-
gekuschelt wie auf Kommando ein. Ohne ein
Frühstück einzunehmen verließ Kristin wie gewohnt schon früh das Haus. Keine flüchtig ge-
schriebene Notiz für Robert lag an diesem Morgen auf dem leeren Tisch, sie musste es wohl
sehr eilig gehabt haben.

„So etwas würde es bei mir nie geben", dachte
sich Robert, der inzwischen aufgestanden war
und sich sein Frühstück zusammensuchte.

Er hatte es sich schon lange zur Gewohnheit gemacht, den Tag langsam und völlig entspannt mit einem ausgiebigen Breakfast zu
starten. Völlig egal, wie viel und welche Art
von Arbeit anstand. Nach zwei Tassen Kaffee
machte er sich dann auf, heute wollte er die
Umgebung von Lübeck erkunden. Robert
wollte Travemünde besuchen, von dem er
schon viel gehört hatte. Kristin hatte ihm wieder die Autoschlüssel überlassen. Einmal einen
ausgedehnten Blick über die Ostsee schweifen
zu lassen, das war schon immer ein Traum von
ihm. Und heute sollte es endlich so weit sein.
Obwohl Robert sich nicht auskannte, er
brauchte nicht einmal eine halbe Stunde und
schon lenkte er sein Auto auf einen Parkplatz.
Zu Fuß ging er runter zur Promenade und

traute seinen Augen nicht! Genau in diesem Moment passierte die „Huckleberry Finn", eine mächtige Fähre, die Hafeneinfahrt. Vorbei an einem grün-weißgestrichenen Leuchtturm, der vor dem riesen *Pott* wie ein Streichholz wirkte. Nie im Leben hätte sich Robert das vorstellen können, er kam sich hier draußen an der Mole vor wie ein kleiner Junge und seine Augen wurden immer größer. Dann entdeckte er am gegenüberliegenden Ufer die „Passat", ein riesiges Viermastsegelschiff, welches dort vor Anker lag. Jetzt oder nie, schon als kleiner Bub hatte immer davon geträumt, einmal auf einem solchen Schiff zu stehen und es aus der Nähe zu betrachten. Jetzt wurde dieser Traum wahr und sein Tag war gerettet. Darüber hinaus legte er sogar seine Gedanken an Kristin für ein paar Stunden beiseite.

Die Tage liefen Robert nur davon, die Zeit, die er mit Kristin nutzen konnte, war viel zu kurz und schon nahte das Wochenende. Kristin konnte sich tatsächlich am Freitag für den Nachmittag von ihrer Arbeit teilweise befreien und kam früher nach Hause. Genau richtig, es war Zeit für Kaffee und Kuchen. Hand in Hand schlenderten sie hinüber auf den Marktplatz, der hinter dem mächtigen Rathaus mit seiner imposanten Fassade lag und setzten sich dort, bei strahlendem Sonnenschein, ins Café. Mit einem Handgriff stellte Robert erst den Sonnenschirm zurecht und rückte dann seinen Stuhl etwas näher zu Kristin. Bei dem flinken jungen Kellner bestellten sie zwei Cappuccino, ein Stück Schwarzwälder Kirsch- und ein Stück Sanddorntorte. Einmal mit und einmal ohne Sahne. Während sie darauf warteten, erzählte Kristin von dem Fall, an dem sie morgens noch arbeitete, ein bisschen was über ihre Kollegen und was man am Wochenende anstellen könnte. Robert hörte bedächtig zu, denn erfahrungsgemäß wusste er, nur so konnte sich Kristin völlig von ihrer Arbeit befreien und den Tag gedanklich in eine andere Bahn lenken. Was sie dann auch tat, allerdings mit einem Thema, auf welches Robert überhaupt nicht gefasst war!

„Du Robert", kurze Sprechpause – „morgen wirst du Martin kennenlernen. Du hast doch nichts dagegen, oder?", kam Kristin plötzlich auf den Punkt.

Robert war geschockt, wurde dann aber zugleich auch neugierig. Wie sollte er jetzt richtig reagieren?

„Nein, nein - natürlich habe ich nichts dagegen,

nur ich weiß beim besten Willen nicht, wie ich mich ihm gegenüber verhalten soll!"

„Da mach dir mal keine Gedanken darüber, Martin weiß über uns Bescheid!"

„Aber auch, dass wir ...?"

„Ja, auch dass wir uns miteinander in der Kiste vergnügten!"

Jetzt verschlug es Robert vollends für einen Moment die Sprache, wie sollte er darauf nun reagieren? Er schüttelte nur mit dem Kopf, versuchte dennoch gelassen darauf zu antworten.

„Ich liebe es, wenn du immer so direkt und gerade aus bist." Dabei konnte er allerdings eine gewisse Unsicherheit nicht verbergen.

„Ich kann noch viel direkter!", grinste Kristin.

Um schnell von diesem heiklen Thema abzulenken, und ohne die Gäste am Nachbartisch zu beachten, redete sie schnell weiter:

„Kannst du dir vorstellen, dass ich unter meinem Kleid nichts als frische Luft anhabe und jetzt verdammt gerne mit dir ins Bett gehen möchte? Sofort, bitte!"

Robert war völlig perplex, diese Frau

war wirklich eine unglaubliche *Wundertüte* der besonderen Art.

„Braucht man für so eine Frau eigentlich einen Waffenschein?", grinste Robert verblüfft in sich hinein und lies seinen Gedanken freien Lauf.

„Oder zeigte die Frau etwa nymphomanische Ansätze?", egal, vergessen war der ernsthafte Ausgangspunkt des Gespräches.

War es eine rhetorische Meisterleistung von Kristin oder wusste sie, Robert mit den einfachsten Waffen einer Frau von der richtigen Seite zu nehmen? Die Leute am Nebentisch mussten, ihren Blicken nach zu urteilen, sicherlich glauben, die Hauptakteure für „Versteckte Kamera" zu sein. Einen Einwand hatte Robert nicht. Im Gegenteil - er fand Spaß an diesem Spiel und ging, unter den fassungslosen Blicken, die vom Nachbartisch herüberkamen, darauf ein.

„Weißt du eigentlich, wieviel Uhr es ist? Es ist ja noch taghell!"

Jetzt trieben sie ihr Spiel völlig auf die Spitze.

„Ich habe Rollos am Fenster, die lassen wir runter."

„Dann sehe ich dich aber nicht mehr!"

„Ich stelle Kerzen auf."

So ging das nun ein paar Mal hin und her, sie warfen sich verbal *gegenseitig die Bälle zu*. Die Leute am Nebentisch schienen endgültig mit offenem Munde aus allen Wolken zu fallen.

„Ok, wenn du darauf bestehst, komme ich mit. Ich habe sogar ganz zufällig mein Werkzeug dabei!", sagte Robert dem Nebentisch zugewandt, „aber ich muss noch bezahlen!"

„Das wäre Zeitverschwendung, wir gehen einfach so. Ich habe jetzt Lust und nicht nachher!"

Der älteren Dame am Nebentisch entgleiste das Gesicht, ihr Kinn klappte filmreif herunter und sie schaute sich hilfesuchend nach dem Kellner um. Natürlich hatte Kristin schon vor einer viertel Stunde bezahlt, was die Gäste vom Tisch nebenan aber nicht wissen konnten. So nahm sie Robert wie einen kleinen Schuljungen bei der Hand und lachend machten die beiden sich auf den Weg nach Hause, welches nur wenige Minuten vom Café entfernt lag.

Der Nebenbuhler

Am Samstag kam nun der große Tag, an dem Robert Kristins Freund kennenlernen sollte. Sie hatten sich zu einer gemeinsamen Bootsfahrt verabredet. Besser gesagt, zu einer Tour mit dem Paddelboot.

„Ich freu mich echt auf den heutigen Tag", sagte Kristin, als sie miteinander beim Frühstück saßen und fuhr fort:

„Das Wetter könnte nicht schöner sein, und ich kann dir meine Stadt von einer ganz anderen Seite zeigen. Ganz nebenbei darfst du auch meinen Martin kennenlernen, er freut sich schon darauf."

„Habe ich richtig gehört, hatte sie eben *meinen Martin* gesagt?"

Robert konnte Kristins Freude so gar nicht teilen. Wieso auch! Weil er seinen Nebenbuhler kennenlernen durfte? Wie bescheuert war das denn! Jetzt machte *er* wegen *seiner* Kristin eine Reise um die halbe Welt, nur um die Frau, die er in seinem Herzen trug, vielleicht dafür zu gewinnen, mit ihm einen neuen Lebensabschnitt zu beginnen. Und was jetzt? Sie wusste nichts Besseres, als ihm ihren Freund vorzustellen, mit dem sie anscheinend schon länger mehr oder weniger eine Art Beziehung führte! Begeisterung sah anders aus. Kristin beugte sich über den kleinen Frühstückstisch um von Robert einen Kuss einzufordern. Sie spürte wohl, dass sie Robert etwas überfahren hatte.

„Martin wird allerdings nicht alleine kommen, er wird noch seine Freundin Renate mitbringen. Sie hat für uns heute diese Paddeltour organisiert."

Was war denn das nun für ein Durcheinander, jetzt blickte er gar nicht mehr durch! Mein Freund, ein Freund, seine, deine, ihre … Robert versuchte sich einen Reim daraus zu machen, wurde aber nicht schlüssig. So richtig erleichtert fühlte sich Robert nicht gerade. Ehrlich gesagt wusste er im Moment überhaupt nicht mehr, wo sein Kopf stand. Nach außen hin allerdings versuchte er so cool wie nur möglich zu wirken. Schon eine Stunde später traf sich das Quartett wie verabredet beim Paddel Club.

„Hallo, ich bin der Martin, Kristin hat mir schon viel von dir erzählt!"

Ein großer, kräftiger Kerl mit freundlichen

Augen und langen Haaren streckte Robert seine Hand entgegen, die fast so groß wie der sprichwörtlich genannte Klodeckel sein musste.

„Mein lieber Mann, hat der einen Händedruck!", dachte sich Robert und erwiderte diesen freundlich.

„Das hier ist Renate, wir lieben uns schon seit der 8. Klasse Gymnasium!", flachste Martin, als er seine überaus attraktive rothaarige Begleiterin vorstellte, die fast ebenso groß und sportlich wie er war.

Optisch gesehen war sie genau das Gegenteil von Kristin. Tizianrotes langes Haar, welches zu einem kräftigen Zopf geflochten war, unendlich lange Beine und obenrum mit genau dem an weiblichen Attributen zu viel ausgestattet, was Kristin ihrer eigenen Meinung nach etwas zu wenig hatte. Obwohl es genau dieses zierliche und mädchenhafte war, was Robert an Kristin so gefiel; bei Renates Anblick musste er an diesem Tag noch öfters versuchen, seine Blicke bewusst woanders hinzulenken. Entweder war so eine Figur auf exzessiven Sport zurückzuführen, oder die Frau hatte einen verdammt guten Chirurgen!

Vorsichtig bestiegen sie das Paddelboot. Es war ein fast sechs Meter langes Kanu, das nach Indianer Art mit kurzen Stechpaddeln bewegt wurde. Robert durfte als Gast ganz vorne sitzen, während Martin ganz hinten Platz nahm und das Boot von dort aus zielsicher steuerte. Dazwischen saßen die Mädels. Robert war das ganz recht so, so musste er sich nicht um ein Gesprächsthema mit seinem Konkurrenten bemühen. Eine ganze Weile stocherten sie in dieser Pfütze herum, immer entlang in Nähe des Ufers. Dabei roch es nicht immer unbedingt nach frischer Natur. Schuld daran war bestimmt nicht nur der Müll, der sich in manchen Ecken und kleinen Buchten als Schwemmgut sammelte. Wer konnte schon sagen, was unterhalb der Wasseroberfläche alles an *Gewürzmischungen* aus den Abwasserkanälen eingespült wurde. Doch vom sportlichen Aspekt her machte Robert das Paddeln, was er zuvor mangels Möglichkeit noch nie gemacht hatte, zuerst richtig Spaß, merkte aber bald, dass es für ihn doch recht ungewohnt war. Wie gut hatte er es doch, wenn er kräfteschonend seine Gäste mit einem motorisierten Fortbewegungsmittel durch die Prärie schaukeln konnte und sich dabei eher wie ein Buschmann, als ein Indianer fühlen durfte. Unter dem geräuschvollen Nageln des schweren Dieselgeländewagens konnte man sich wenigstens unterhalten, wenn auch mühsam. Im Gegensatz zu diesem kommunikativfeindlichen Paddelboot, in welchem man sich auf Grund eines nicht vorhandenen Hüftgewindes permanent mit lauter Stimme nach hinten verrenken musste, nur weil der letzte Gesprächspartner immerhin sechs Meter weiter hinten saß. Aber mit seinem Mitbewerber hatte Robert sowieso nicht allzu viel zu bereden!

In der Nähe des alten Hafens legte das Quartett an. Kaffeepause! In diesem, allem Anschein nach heruntergekommenen Café, welches *mitten im Grünen* und direkt an der Pier lag, sollte es hervorragenden hausgemachten Kuchen geben. In großen Lettern stand auch Café auf einem Schild über dem Eingang, trotzdem, es glich mehr einer einfachen Hafenkneipe mit zufällig, lieblos verteilter Dekoration. Hier hatte der Zahn der Zeit gewaltig genagt und es stank intensiv nach kaltem Zigarettenrauch und – ja, eben nach Kneipe! Der Konditor dieses Hauses soll allerdings einer der Besten weit und breit sein. Bei einem köstlichen Cappuccino und - man höre und staune, einer echten Schwarzwälder Kirschtorte, konnten die beiden anderen Nordlichter zum ersten Mal diesen Robert näher beschnuppern. Oder sollte man sagen, begutachten? Dieser beschäftigte sich gerade eben äußerst hingebungsvoll mit dem dicken und fetten Sahneteil auf seinem Teller. Mit jedem genussvollen Häppchen, dass er sich auf der Zunge zergehen ließ, legten sich dessen anfängliche Zweifel. Seinem Gefühl nach zu urteilen schien dieser Martin doch eher Renate zugetan zu sein, als *seiner* Kristin. Trotzdem wäre er jetzt doch viel lieber mit ihr alleine in vertrauter Zweisamkeit hier gesessen.

Robert kam nicht drum herum, den ganzen Weg zurück musste wieder gepaddelt werden. Wer hatte eigentlich diese dämliche Idee, denn immerhin hatte er einen Cappuccino und zwei Stück Torte im Bauch, was allerdings bewies, dass, wer beim Essen kräftig zuschlägt nicht unbedingt verlorene Energie zurückgewinnt. Doch er fügte sich tapfer seinem Schicksal, immerhin war Wochenende und der ganze Sonntag lag noch vor ihnen. Einen ganzen Tag nur mit Kristin, bevor sie sich am Montagmorgen wieder in den grausamen Arbeitstag stürzen musste. Nachdem sie trotz aller

Anstrengung endlich wieder gut gelandet waren, wurde das Boot beim Vermieter abgegeben und gemeinsam schlenderten sie wohltuend erschöpft zum Parkplatz, wo Martins Auto stand. Schon unterwegs hatten sie abgemacht, dass heute gemeinsam gekocht werden sollte. Also nicht im trauten *Zweierpack*, wie Robert sich eigentlich erhoffte, sondern im *Vierer-Rudel*. Egal, er nahm es sportlich, denn immerhin gab es eine seiner Leibspeisen. Spaghetti a la Diavolo standen auf dem Speiseplan, dazu sollte es nach Renates Rezept hausgemachtes Pesto geben.

„Also, wenn ihr mich fragt, ich habe schon einen Riesenhunger. Geht es euch auch so?", fragte Kristin in die Runde.

„Na klar", antwortete Renate, „von so einem Workout an der frischen Luft bekomme ich immer Hunger. Allerdings muss ich um halb neun zu Hause sein, mein Babysitter möchte heute Abend noch ausgehen. Aber ich kann mir doch mein eigenes Essen nicht entgehen lassen, so viel Zeit muss sein!"

„Den passenden Wein werde ich dazu beisteuern!" sagte Martin und zog eine Flasche

Rotwein aus einer Tasche, die er gerade aus dem Kofferraum seines Wagens gefischt hatte. Diese drückte er Kristin in die Hand, die bereits im engen Fond des Sportwagens neben Robert Platz genommen hatte.

„Nicht, dass ich die nachher noch vergesse!" fügte er hinzu und quetschte sich hinter das Lenkrad.

Während Martin fuhr betrachtete sich Renate im kleinen Spiegel der nach unten geklappten Sonnenblende. Ihr Make-up schien noch zu sitzen, trotzdem, die Sonnenblende blieb unten.

„Die Frauen sind schon seltsame Wesen!", ging es Robert durch den Kopf, „wenn keine Sonne scheint und auch nicht immer ein kleiner Spiegel dranhängt; die erste Handbewegung einer Frau im Auto ist: *Sonnenblende runter!"*

Mit einem innerlichen Grinsen kam er zu dem Entschluss, es gibt Dinge im Leben, die ein Mann offensichtlich nie verstehen wird.

„Oh, ein spanischer Rioja! Also weißt du Martin, ich bewundere immer wieder deinen guten Geschmack.", stellte Kristin fest, als sie die Flasche näher betrachtete um sie dann im beengten Fußraum dieser *Bonsai-Limousine* unter vollem Einsatz sportlicher Verrenkungen in ihrer Tasche zu verstauen.

„Menno, ihr legt euch aber ganz schön ins Zeug. Ich habe natürlich nichts, was ich dazu beisteuern könnte," meinte Robert.

„Das brauchst du auch nicht", sagte Kristin, „du bist doch eingeladen – und mein ganz besonderer Gast!"

Dabei zwinkerte sie ihm verschmitzt mit ihrem linken Auge zu, als ob sie ihm gerade eben ein riesiges Geheimnis anvertraut hätte. Gleichzeitig legte sie Robert, der zwangsweise recht beengt neben ihr saß, ihre Hand auf seinen Oberschenkel. Während ihre Finger sich langsam und gezielt seinem Schritt näherten, blieb es nicht aus, dass sich alsbald der Stoff seiner Shorts straffte. Während sich Renate und Martin auf der Fahrt nach Hause angeregt unterhielten, saß Robert ziemlich erregt neben Kristin, die sich damit beschäftigte, ihn so ganz nebenbei mit sanfter Hand nachdrücklich in den siebten Himmel zu streicheln! Ein beinahe unmerkliches Zucken um ihre Mundwinkel verriet ihm, dass sie genau wusste, was sie tat. Robert bemerkte nicht, wie Martin mit einem breiten Grinsen im Gesicht recht oft in den

Rückspiegel blickte um den *rückwärtigen Verkehr* zu beobachten. Auch Renate tauschte hinter heruntergeklappter Sonnenblende vielsagende Blicke mit Martin, ein Auge stets auf den Kosmetikspiegel gerichtet!

Zu Hause angekommen machte Kristin sich gleich daran, einen großen Topf mit Wasser aufzusetzen. Renate ging ihr in der Küche zu Hand und schnippelte Chili und Petersilie vom Supermarkt und ein paar halblahme Blätter Basilikum, das als einzige Grünpflanze den begehbaren Blumentopf zierte. Robert öffnete eine Flasche Sekt, die ihm Kristin in die Hand drückte und füllte die Gläser zu gleichen Teilen. Martin deckte wie selbstverständlich den Tisch, ganz so als ob er hier zu Hause wäre. Überhaupt, dieser Martin - der kannte sich ja ganz gut aus in Kristins Haushalt! Ohne lange zu suchen griff er blindlings und zielgerichtet in die Besteckschublade. Das war Robert gleich aufgefallen. Zwischen Martin und Kristin musste also mehr sein als *nur gute Freunde*. Das wurde Robert immer deutlicher vor Augen, während sich zwischen ihm und Kristin langsam eine unsichtbare gläserne Wand aufbaute. Zwar zeigte ihm Kristin ihre Zuneigung immer wieder, aber wo war dieses Funkeln in ihren

Augen geblieben? War es damals nur Reflexion der allgegenwärtigen und immer scheinenden Sonne über Südafrika oder ist von diesem einst großen Feuer nur noch lauwarme Glut übrig? War doch alles nur eine Art von Urlaubsflirt, weil das Abenteuer Südafrika wieder Farbe in ihren grauen Alltag brachte?

„Hmmmm, Mensch, wie war das wieder lecker!", durchbrach Martin die gefräßige Stille am Tisch und damit gleichzeitig Roberts Gedanken, die innerlich wie ein Schiff auf rauer See hin und her schlingerten.

In seinen Gedanken hatte er wieder ein Gänseblümchen in der Hand und riss die kleinen Blätter von der Blüte. Sie liebt mich, sie liebt mich nicht, sie liebt mich…

„Also kochen kann Kristin fantastisch!", bestätigte Renate und schaute dabei Robert an, als ob sie zu ihm sagen wollte: Du, *die* kann was, mit *der* machst du alles richtig.

„Allerdings, der Mann, welcher sie einmal bekommt, dem wird es richtig gutgehen!", bestätigte Robert, der diesen Wink mit dem Zaunpfahl sehr wohl verstanden hatte, während er zu Kristin hinüberschielte, der dieses kurze Geplänkel natürlich nicht entgangen war.

Doch die war völlig anderer Meinung.

„Ja, ich weiß, aber ein Mann, der kochen kann, wäre mir natürlich noch viel lieber. Wenn ich den ganzen Tag im Büro oder in irgendeinem Gericht herumhänge, dann möchte ich abends nicht auch noch unbedingt das *Heimchen am Herd* spielen und mir Gedanken machen müssen wie *„Mensch, was koche ich denn nur heute schon wieder"*. Nein, danke fürs Gespräch!"

Dabei blickte sie zu Robert, er war schließlich derjenige, der sie in ihrem Urlaub bei sich zu Hause nach Strich und Faden verwöhnte. Dazu gehörte auch seine Leidenschaft für das Kochen, was Kristin sehr genoss.

„Kinders, seid mir nicht böse, aber ich muss euch leider verlassen", hob Renate schließlich als Erste die Tafel auf.

Mit je einer herzlichen Umarmung verabschiedete sie sich von Martin, Kristin und zuletzt von Robert, dem sie mit einem geheimnisvollen, nichts und doch so vielsagenden tiefen Blick in seine Augen versprach, ihn in Südafrika zu besuchen. Und schon war sie weg.

„So, jetzt haben wir ein technisches Problem!", stellte Robert für sich in Gedanken frustriert fest. Da waren Er und Kristin. Oder Kristin und

Martin. Martin und Robert wäre auch eine Konstellation, aber für einen reinen Herrenabend wäre dann wiederum eine Frau zu viel mit am Tisch. Egal wie herum Robert es auch drehte und wendete, irgendwer in dieser schnuckeligen Altbauwohnung war das *fünfte Rad am Wagen* und somit zu viel. Zumindest um den Tag so ausklingen zu lassen, wie er es sich ursprünglich vorgestellt hatte.

Das Trio verzog sich gemeinsam ins Wohnzimmer und redeten über dies und jenes, nichts wirklich Wichtiges was die Welt bewegt hätte. Inzwischen verfehlte der schwere spanische Rotwein seine Wirkung nicht, und in Verbindung mit den Anstrengungen des Tages machte sich allgemein die nötige Bettschwere breit. Aus einem Schrank im Schlafzimmer beförderte Kristin Bettzeug ins Wohnzimmer hinüber, in dem Martin schon die Couch in ein breites Bett verwandelt hatte. Währenddessen stellte sich Robert schon unter die Dusche.

Ah, wie das gut tat. Er liebte es, wenn heißes Wasser regengleich weich über seinen Körper perlte. Wenn es nach ihm ginge, bräuchte es in dieser Welt überhaupt kein kaltes Wasser zu geben. Nachdem er sich so ein paar Minuten verwöhnen ließ, stellte er den Wasserhahn auf kalt und brauste seine Beine ab. Er hatte mal irgendwo gelesen, dass es die Durchblutung förderte und somit vorbeugend gegen Krampfadern helfen sollte. Na ja, bis jetzt half es zumindest! Unangenehm kalt und ekelhaft wurde es allerdings, nachdem er die aufgeheizte Duschkabine öffnete und nach dem Handtuch griff. Schlagartig flüchtete der aufgeheizte Wasserdampf, er hatte zuvor vergessen das Badezimmerfenster zu schließen. Schnell rubbelte er sich mit dem flauschigen und weichgespülten Handtuch von Kopf bis Fuß ab, bis seine Haut im grellen Halogenlicht der Deckenfluter feuerrot erschien. Inzwischen kam Kristin ins Bad, sie hatte sich schon bis auf ihren Slip ausgezogen.

„Rubble mal nicht so schnell mein Lieber, du schläfst heute nicht alleine!", sagte sie mit gedämpfter Stimme und einem verheißungsvollen Grinsen zu Robert.

Dabei streckte sie ihm ihren wohlgeformten Hintern einladungsvoll entgegen, während sie lasziv ihr Höschen auszog.

„Ich glaube aber, wir sind heute nicht alleine", konterte Robert, zog dabei die Augenbrauen etwas höher, legte seine Stirn in Falten und fuhr betont fort.

„_Du_ hast _Dir_ ja _Deinen Freund_ selbst eingeladen!"

Obwohl er gedämpft sprach, sein Vorwurf war nicht überhörbar.

„Ja aber _der_ schläft im Wohnzimmer!", versuchte Kristin Robert zu beruhigen, schmiegte ihren nackten Körper an Robert, stellte sich auf ihre Zehenspitzen und drückte ihm demonstrativ einen Kuss auf seine Stirn.

„Und außerdem hat Martin einen ziemlich guten Schlaf. Den könntest du wegtragen, der würde nicht aufwachen!"

Sprach es und verschwand hinter der weißen Plexiglaswand der Duschkabine. Während Robert sich die Zähne putzte betrachtete er im Spiegel die wohlgeformten Umrisse, die sich hinter der Kabinenwand deutlich abzeichneten. Nur ein paar Minuten später lagen sie eng aneinander gekuschelt unter der gemeinsamen Decke im nebenan liegenden Schlafzimmer. Obwohl sie beide vom Paddeln ziemlich geschafft waren - allzu lange blieb es nicht ruhig unter der Decke.

Showdown

„Guten Morgen mein Lieber, hast du auch so gut geschlafen?", hörte Robert Kristins Stimme flüstern, als er blinzelnd seine Augen öffnete.

„Ich glaube ja! Aber wer ist denn gestern zuerst eingeschlafen, du oder ich? Ich kann mich an nichts mehr erinnern! War da noch was?" entgegnete Robert noch schlaftrunken und grinste dabei wie ein Honigkuchenpferd.

„Kann schon sein!" grinste Kristin zurück wie ein kleines Mädchen, welches eben erwischt wurde, wie sie heimlich einen Lutscher aus Mamas Versteck stibitzte.

„Weißt du was, ich hole für uns frische Brötchen zum Frühstück. Was hältst du davon?", fragte Robert.

„Eine super Idee," meinte Kristin und hielt einen Moment inne.

„Ach, du bist ja so lieb. Ich glaube, daran könnte ich mich echt gewöhnen!"

Das lief Robert runter wie Salatöl und er schien seinem Ziel, oder besser gesagt, seiner Kristin, wieder ein Stück näher gekommen zu sein. Die kuschelte sich noch einmal tief in ihr zerwühltes Bett, ihren Kopf auf dem Kissen, auf welchem Robert noch eben lag und über Nacht seine von Testosteron geschwängerten Duftspuren hinterlassen hatte. Sie konnte ihn im wahrsten Sinne des Wortes gut riechen. Robert begab sich ins Badezimmer, und mit einer intensiven morgendlichen Hygieneaktion vernichtete er die letzten riechenden Kampfspuren seiner schweißtreibenden Aktion der vorangegangenen Nacht, mähte sich mit dem Nassrasierer seinen Gesichtsrasen und geizte nicht damit, sich mit einer duftenden Hülle seines Rasierwassers einzukleiden. So verließ Robert die Wohnung, nicht jedoch ohne Martin noch ein freundliches „Guten Morgen, ich hole mal eben eine Tüte frische Brötchen für uns!" durch den Türspalt zuzuwerfen.

Wie Robert durch den offenen Türspalt sehen konnte, war dieser nämlich schon damit beschäftigt, frische Luft ins Wohnzimmer zu lassen. Anscheinend war er schon länger wach. Äußerst leger, nur mit einer viel zu weiten Unterbuxe bekleidet, machte er sich an den Gardinen zu schaffen, die altmodisch noch mit einer Kordel an der Wandhalterung befestigt waren. Wagenweit standen die Fenster offen, die Sonne legte sich schon mächtig ins Zeug und sandte ihre Strahlen quer durch die Wohnung, bis hinüber ins Schlafzimmer. Sicherlich wird sie damit sogar Kristin aus *ihrer Koje* locken. Gut gelaunt stieg Robert das Treppenhaus hinunter und machte sich auf die Suche nach einer Bäckerei. Er musste nicht lange suchen, denn diese standen hier in der Altstadt beinahe nebeneinander. Bei sich zu Hause hätte er mit dem Auto immerhin an die 20 Minuten gebraucht, aber hier erledigte er das in einer viertel Stunde zu Fuß. Mit sechs frischen, noch backwarmen Brötchen und drei Croissants in einer großen Papiertüte auf dem Arm, tigerte er gemütlich nach Hause, voller Freude auf ein leckeres Frühstück.

„Ob Kristin inzwischen schon den Tisch gedeckt hat? Naja, eine viertel Stunde ist schon etwas eng, aber da ist ja noch Martin und der war ja schon ein paar Minuten länger auf den Beinen", dachte sich Robert auf dem Weg nach Hause.

Leise schloss er die Tür zu Kristins Wohnung auf. Er wollte sie überraschen, dass er so schnell mit den versprochenen frischen Brötchen wieder zurück war. Umständlich drehte er den Abus Schlüssel im alten Türschloss, öffnete die schwere Wohnungstür und noch bevor er diese richtig geöffnet hatte, hörte er schon verdächtig seltsame Geräusche aus dem Schlafzimmer. Das heißt, seltsam waren die Geräusche überhaupt nicht, denn nur zu gut kannte er Kristins ekstatisches Stöhnen beim Frühsport. Der Lautstärke nach zu urteilen, war sie kurz vor dem Ende eines morgendlichen Ausflugs in ungeahnte Höhen. Auch ein männliches Keuchen entging ihm nicht, begleitet von einem rhythmischen Klatschen welches entsteht, wenn sich zwei Hände zum gemeinsamen Applaudieren treffen. Oder, wenn zwei nackte, schweißgebadete Oberschenkel kräftig auf einen ebenso nackten Hintern stoßen. Ein ungewollter Blick durch die einladend offenstehende Wohnzimmertür bestätigte Robert - ja, Kristin hatte in diesem Moment offensichtlich viel Spaß mit Martin. Sogar so viel Spaß, dass weder sie, noch Martin, seine Rückkehr mit den ofenwarmen und verführerisch duftenden Brötchen in der Hand haltend, wahrnahmen.

Robert hatte genug gesehen und gehört. Während sein Magen sich wendete und versuchte nach oben zu kommen, brach für ihn die Welt wie ein Kartenhaus zusammen. Nach Luft schnappend machte er zwei taumelnde Schritte zurück ins Treppenhaus und versuchte mit zitternden Händen die Tür möglichst geräuschlos ins Schloss fallen zu lassen. Er konnte nicht mehr. Mit einem dicken Kloß im Hals und dem Gefühl einer unsichtbaren Faust, die sich fürchterlich tief in seinen Bauch gerammt hatte, stolperte er fluchtartig das Treppenhaus hinunter. Weinend rannte er, immer noch die Brötchentüte in der Hand haltend, um die Ecke des Wohnblocks. In einer dieser kleinen verwunschenen Gassen, die zwischen den alten Häusern lag und in einen ansonst idyllisch gelegenen Hinterhof führte, lehnte er sich an die ihm eiskalt erscheinende Wand und ließ seinen Tränen freien Lauf. Immer und immer wieder stieß er mit seinem Kopf gegen die Wand, schlug mit den flachen Händen dagegen als ob er sie umstürzen wollte. Er spürte nicht die klaffende Platzwunde, die ihm warmes Blut über sein Gesicht rinnen ließ. Die Tüte mit den Brötchen hatte er schon längst verloren. Langsam wurden seine schmerzgeplagten Stöße mit dem Kopf gegen die Wand kraftloser und gingen über in geistesabwesendes Nicken, gleich einem psychisch gestörten Menschen. Sein Köper fühlte sich an wie ein riesiges Loch, welches aus Nichts und Dunkelheit bestand.

Minutenlang verharrte er in diesem halbdunklen Gang, regungslos auf dem Boden sitzend. Ein älteres Paar, welches zufällig vorbeikam, nahm sich dem armen Kerl an. Sie schienen gewollt, ihm irgendwie zu helfen. Doch Robert lehnte kopfschüttelnd ab, nur mit Mühe und Not quetschte er immer noch heftig schluchzend zwei Worte aus sich heraus.

„Alles o.k.!"

Es dauerte eine gute halbe Stunde bis er sich wieder halbwegs gefangen hatte. Dieser Film vor seinen Augen ließ sich wohl nicht mehr zurückspulen und auf keinen Fall wollte er sich anmerken lassen, was er wusste, bzw. was er zwangsweise mit ansehen durfte! Inzwischen bemerkte er das Blut, welches inzwischen in seinem Gesicht, am Körper und an seiner Kleidung klebte. Fassungslos schaute er auf seine blutverschmierten Hände und hatte nur noch einen Wunsch, dass vor ihm ein großes Schild auftaucht, auf dem geschrieben steht: *„The End"* um danach aufzuwachen und feststellen zu dürfen, dass alles nur ein Alptraum war. Es nützte jedoch alles nichts, er musste wohl oder übel zurück in Kristins Wohnung und versuchen, das Drehbuch für diesen Psychothriller irgendwie zu Ende zu schreiben. Er griff sich die verschmutzte Brötchentüte und ging schweren Schrittes zurück zum Haus. Mit schleppenden Schritten stieg er Stufe um Stufe des nicht enden wollenden Treppenhauses hinauf. Seltsamerweise wurde er jedoch mit jedem Schritt innerlich gefasster und ruhiger. Zielstrebig und geräuschvoll schloss er die Wohnungstür auf und ließ wie aus Versehen den schweren Schlüsselbund laut scheppernd auf den Boden fallen.

„Hallo, der Brötchenmann ist da!", würgte Robert mit gespielter Heiterkeit hervor und versuchte, so normal wie nur möglich zu wirken.

Frisch geduscht betrat Kristin gerade eben den Flur und erschrak heftig, als sie Robert sah.

„Ach du Scheiße, wie siehst du denn aus, was ist denn mit dir passiert?"

„So ein dämlicher Rennradfahrer hat mich direkt an der Ecke vor der Bäckerei umgenietet".

Etwas anderes fiel ihm im Moment nicht ein, denn Kristin sollte auf keinen Fall von dem erfahren, was er wusste. Wieso konnte er sich auch nicht erklären, aber er hielt es für besser so. Zumindest vorläufig. Inzwischen erschien auch Martin, inzwischen anständig bekleidet.

„Dich hat es aber ordentlich erwischt!", stellte er ziemlich lakonisch fest.

„Warte ich hole etwas zur Desinfektion."

„Ne, lass mal, ich möchte erst mal duschen", sagte Robert und verzog sich ins Badezimmer und zu Kristin gewandt ergänzte er noch:

„Du kannst inzwischen schon mal das Frühstück anrichten, hier sind die Brötchen. Ich hoffe, die haben weniger abbekommen als ich. **Martin** hilft dir bestimmt dabei!"

Ob Kristin seinen leisen, sarkastischen Unterton, der ungewollt in seinen Tonfall mit einfloss, bemerkte? Als Robert in den Spiegel blickte, erschrak er erst einmal fürchterlich. Das sah ja aus, als ob er von einem Löwen durch einen Dornbusch gejagt worden wäre. Er entledigte sich seiner in Mitleidenschaft gezogene Kleidung und stellte sich unter die Dusche. Erst warm, dann heißer und noch nochmal heißer stellte er den Duschknopf. Autsch, wie das brannte, dabei wollte er nur das Erlebte von sich abwaschen. Ob es ausreichend heißes Wasser gab, um das alles loszuwerden? Die Hoffnung stirbt bekanntlich zu allerletzt! Nach ein paar Minuten drehte er den Wasserhahn wieder zu und er fühlte sich überraschenderweise erleichtert. Robert trocknete sich ab und schaute dabei in den Spiegel. Er schaute sich selbst in die Augen und bediente sich der alten Weisheit: *Die Kraft liegt in der Ruhe.* Nur so konnte er in der Lage sein, diese Geschichte auf einem anständigen Weg zu Ende zu bringen.

Robert hielt nichts davon, schmutzige Wäsche zu waschen, denn immerhin wusste er schon vorher von Kristins Beziehung mit Martin. Nur, mussten sie es ausgerechnet heute Morgen miteinander treiben? Sie hätten immerhin damit warten können, bis er wieder abgereist war! Robert fühlte sich im Moment nur noch maßlos enttäuscht. Oder war es Trauer?

„Du Armer, jetzt siehst du wenigsten wieder etwas besser aus", stellte Kristin fest, als sie gemeinsam am Frühstückstisch saßen.

„Ja, es geht schon wieder, der Schock hat nachgelassen. Der Typ kam mit seinem Bike so schnell um die Ecke, ich hatte nicht die geringste Chance um auf die Seite zu springen. Dabei fiel ich voll auf mein Gesicht. Ich hielt mir zwar noch die Hände davor, aber trotzdem...", den Rest ließ er so im Raum stehen.

Damit untermauerte er seine Geschichte, die ihm Kristin und Martin so abnahmen.

Vielleicht war das ganz gut so. Bei belanglosen Gesprächen würgte er das Frühstück in sich hinein. Kurz danach verabschiedete sich endlich Martin, der an diesem Tag gottseidank ein wichtiges Treffen hatte. Martin hatte die Tür noch nicht mal richtig hinter sich zugezogen, wandte sich Kristin Robert zu.

„Jetzt sind wir endlich alleine!", sagte sie und stellte sich auf die Zehenspitzen um ihre Arme um Roberts Hals zu legen.

„Sind **wir**?"

„**Du** meinst damit sicherlich bloß mich, denn **nur um zu vögeln** brauchst **Du** mich ja nicht, dafür hast **Du** ja **Deinen** Martin noch!"

Unbeabsichtigt benutze er, völlig entgegen seiner ansonst sehr gepflegten Umgangssprache, diesen derben Ausdruck und ließ damit die Bombe platzen. Hatte er sich doch die letzte Stunde emotionslos und verhalten gezeigt, jetzt brach es endgültig aus Robert heraus. Wie ein Baum, der gefällt wurde, sackten seine Knie unter ihm weg. Kristin ahnte sofort was geschehen war. Mit leisen Worten versuchte sie die Situation zu beruhigen und ihn an seinen Armen mit sanfter Gewalt hinüber zur Couch zu zerren. Das Fenster stand offen, die Sonne leuchtete inzwischen das ganze Wohnzimmer aus, doch all das registrierte Robert nicht mehr. Die Tränen flossen im wahrsten Sinne des Wortes in Strömen und sein eben erst frisch angezogenes Polo-Shirt kam nicht mehr nach, diese aufzusaugen. Er versuchte Kristin wegzustoßen, doch sie blieb nachdrücklich und redete besänftigend auf ihn ein. Doch es war zwecklos.

„Warum nur, warum?", das war alles was Robert noch herausbrachte.

Jetzt wurde auch Kristin vollends bewusst was an diesem Morgen geschah, und dass sie dieses Spiel verloren hatte. Eine Träne, von Wimperntusche durchtränkt, die sie eben vor ein paar Minuten so sorgfältig auflegte, zog einen dünnen dunklen Streifen über ihr Gesicht. Erst einer, dann zwei, dann - aus dem einst so strahlend leuchtenden Gesicht mit funkelnd blauen Augen wurde eine hässliche Fratze. Die Hände vor ihrem Gesicht zusammengeschlagen, saß sie mit gesenktem Kopf wortlos auf ihrem Sofa.

In aller Ruhe holte Robert seinen Rucksack aus dem Nebenzimmer, kramte wie in *Zeitlupe* seine persönlichen Sachen zusammen und warf sie wahllos in diesen hinein. Socken, seine Unterwäsche, die Hemden einfach zusammengeknüllt und zuletzt die verschmutzten Turnschuhe noch oben drauf. Irgendwie wird er das Ding schon zu bekommen. Er setzte sich demonstrativ darauf und zog die Reißverschlüsse zu. All das geschah, ohne ein weiteres Wort zu verlieren. Auch wenn sie es versucht hätte, Robert war mit Worten nicht mehr zu erreichen. Sie resignierte, weil sie wusste, dass sie einen Mann verloren hatte, der ihr viel näherstand, als sie es wahrzunehmen vermochte, oder konnte und sie diese Person zu allertiefst verletzt hatte. Jeder Versuch einer Entschuldigung käme zu spät. Viel zu spät.

Robert zog sich stumm seine safaribeige Jacke über, hängte seinen Rucksack um und verließ grußlos Kristins Wohnung. Es schien, dass die Wohnungstür viel lauter ins Schloss fiel als sonst, und erst jetzt wurde Kristin das volle Ausmaß dieser Situation bewusst. Nun war sie es, deren Knie wie Streichhölzer einknickten. Sie ließ sich kraftlos auf den Stuhl fallen, auf dem Robert gerade noch eben saß. Immer und immer wieder schluchzte sie leise in sich hinein.

„Ja, warum nur —warum?"

Darf ich Ihnen meine weiteren Veröffentlichungen vorstellen? Sie sind erhältlich in Ihrer Buchhandlung um die Ecke, über das Internet oder noch besser - druckfrisch vom Verlag unter:

www.tredition.de

Alle Ausgaben sind auch als E-Book erhältlich.

Mein Tipp: Schauen Sie direkt beim Verlag rein, dort steht eine kostenlose Leseprobe als praktischer Download (PDF) bereit.

Ab wann ist „Kunst" eigentlich Kunst? Es scheint, allein das herauszufinden, ist schon eine Kunst an sich. Ist Kunst nur etwas, was dem Auge gefällt? Warum ist etwas provokantes Kunst? Wieso können einfaches Gekritzel oder Farbkleckse auf Papier schon Kunst sein, während ein perfektes Landschaftsbild, welches im ersten Moment eher wie ein Foto aussieht, von Fachleuten als Kitsch abgestempelt wird? Wo geht Kunst los und wo fängt Müll an? Eine erschöpfende Antwort darauf zu finden, scheint mir unmöglich und wird auch in diesem nicht ganz ernstzunehmenden Buch offenbleiben.

Format 17x22 cm

51 Seiten illustriert mit Zeichnungen, s/w und Farbfotos

Auszuwandern in das Land seiner Träume bleibt für viele Menschen unerreichbar. Unverschnörkelt und sachlich, in kurzweiligen, zum Teil in sich abgeschlossenen Geschichten erzählt, taucht der Leser ein in die Welt eines Auswanderers und dessen spannenden Alltag, der zu keiner Stunde langweilig war.

Vom Abflug in Frankfurt angefangen über die Hürden des Alltags bis hin zu den abenteuerlichsten Safaris in die älteste Wüste der Welt, die Namib. Vom Traum der beruflichen Selbständigkeit und die damit verbundene Freiheit und Unabhängigkeit, bis hin zu dem Tag, an dem das Abenteuer Afrika ein ungeplantes Ende nahm.

Format DIN A5

448 Seiten mit vielen schwarz-weiß Fotos und Zeichnungen

Wie gefährlich ist es mit dem Fahrrad auf dem Gehweg zu fahren und warum läuft am verkaufsoffenen Sonntag jeder dorthin wo alle laufen? Ist der Nikolaus in Wahrheit tatsächlich der Nachbar und FKK Biologieunterricht? Warum lieben wir Camping und haben Männer wirklich keinen Sinn für Mode?

In diesen Kurzgeschichten, dessen Inhalt ein prall gefüllter Alltag als Ideenlieferant diente, finden Sie die Antworten. Sie verleiten mal zum Schmunzeln oder machen nachdenklich, dann wiederum sind sie traurig oder gnadenlos satirisch.

Taschenbuch
12x19 cm, 152 Seiten
mit Bildern

Dort zu leben, wo andere ihren Urlaub verbringen, nämlich am Bodensee. Das Leben im Alltag hat aber so seine Tücken. *„Hauptsache es sind viele Boote drin - nur: Wo machen all die Schiffer hin?"*

Eine zwangsläufige Frage, die sich die Menschen  stellen, die an einem See wohnen. Die Antwort gibt es in diesem Taschenbuch, neben vielen anderen humorvollen Kurzgeschichten über die Menschen in ihrer Heimat am Schwäbischen Meer. Geschichten, die sich eigentlich überall in der Welt genauso zutragen könnten.

Taschenbuch

12x19 cm, 144 Seiten mit Bildern

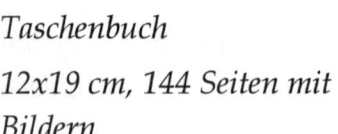

Eine feste Anstellung und eine tolle Familie hinter mir. Ich habe es geschafft und stehe mit beiden Beinen fest im Leben. Dieser Meinung war ich so lange, bis mir mein Körper eines Tages völlig unerwartet und unmissverständlich zu verstehen gab: "Stopp - bis hier her und nicht weiter!"

Eine autobiographische Erzählung, wie Stress am Arbeitsplatz ganz plötzlich in die Welt der Depression entführen kann.

Mit „Nackt und bloßgestellt", eine Geschichte in Reimform über den Aufenthalt in einer psychosomatischen Klinik, zeigt der Autor im hinteren Teil dieses Taschenbuches, dass man einem ernsten Thema wie diesem auch humorvoll entgegentreten kann.

Taschenbuch
12x19 cm, 188 Seiten mit Bildern

Der kleine Stephan ist ein Schlingel im besten Lausbubenalter. Eigentlich sollte er wie immer am Montagmorgen zur Schule gehen. Nur hatte er an diesem Tag einfach keine Lust dazu und hatte sich etwas ganz Besonderes einfallen lassen. So dachte er zumindest! Allerdings hatte er die Rechnung nicht mit der Allwissenheit besorgter Mütter gemacht.

Eine heitere Kurzgeschichte nicht nur für Schulanfänger.

Taschenbuch
12x19 cm, 43 Seiten
mit Zeichnungen

In gewöhnlicher, einfacher Umgangssprache alles gut durcheinandergeschüttelt und in Reimform gefasst, ist es nicht ausgeschlossen, dass sich der eine oder andere selber in einer der alltäglichen Situationen, verpackt in liebevolle Kurzgeschichten, zu erkennen glaubt.

Ein simples Gedicht zum Geburtstag, beinahe schon intime und persönliche Einblicke über ein Blind Date, das Verliebt sein und den Alltag generell. Humorvoll und stets mit einem ordentlichen Schuss Selbstironie.

Taschenbuch
12x19 cm, 96 Seiten
mit Zeichnungen

Wie David gegen Goliath kämpft der Hobby-Knipser gegen das geübte Auge eines Profifotografen. Ist es aber nicht letztendlich das Motiv, was einen dazu bewegt, es näher zu betrachten? Ob nun ein Bild mit dem allgegenwärtigen Smartphone, einer kleinen vollautomatischen Knipse, oder gar mit professioneller Ausrüstung und bewusst unter Einbezug des technischen Sachverstandes eines geübten Fotografen gemacht wird, darum geht es in diesem Bildband nicht! Das Buch versucht zu zeigen, dass man auch mit einem normalen Schnappschuss etwas aussagen kann, indem man ein Foto z. B. aus einer außergewöhnlichen Perspektive aufnimmt, oder das Motiv durch gezielte Veränderung seines Blickwinkels auf Ausschnitte reduziert.

Format 17x22 cm
Bildband, 263 Seiten
mit s/w Fotos

Erhard Kaupp
Ein gutes Taschenbuch findet immer seinen Platz

www.taschenbuecher.net

Zeitfracht Medien GmbH
Ferdinand-Jühlke-Straße 7
99095 Erfurt, Deutschland
produktsicherheit@kolibri360.de